EDITORA intersaberes

O selo DIALÓGICA da Editora InterSaberes faz referência às publicações que privilegiam uma linguagem na qual o autor dialoga com o leitor por meio de recursos textuais e visuais, o que torna o conteúdo muito mais dinâmico. São livros que criam um ambiente de interação com o leitor – seu universo cultural, social e de elaboração de conhecimentos –, possibilitando um real processo de interlocução para que a comunicação se efetive.

Resolução de conflitos: dialogando com a Cultura de Paz e o modelo multiportas

Mayta Lobo dos Santos

Conselho editorial
Dr. Ivo José Both (presidente)
Drª Elena Godoy
Dr. Neri dos Santos
Dr. Ulf Gregor Baranow

Editora-chefe
Lindsay Azambuja

Gere editorial
Ariadne Nunes Wenger

Preparação de originais
Juliana Fortunato

Edição de texto
Gustavo Piratello de Castro

Projeto gráfico
Laís Galvão

Capa
Charles L. da Silva (*design*)
Plamen Mihaylov/Shutterstock (imagem)

Diagramação
Charles L. da Silva

Equipe de *design*
Charles L. da Silva
Luana Machado Amaro

Iconografia
Sandra Lopis
Regina Claudia Cruz Prestes

Dados Internacionais de Catalogação na Publicação (CIP)
(Câmara Brasileira do Livro, SP, Brasil)

Santos, Mayta Lobo dos
Resolução de conflitos: dialogando com a cultura de paz e o modelo multiportas/Mayta Lobo dos Santos. Curitiba: InterSaberes, 2020.

Bibliografia.
ISBN 978-65-5517-571-4

1. Conflitos – Resolução (Direito) 2. Cultura de paz 3. Justiça 4. Não violência 5. Relações humanas 6. Violência I. Título.

20-35115   CDU-34:15

Índices para catálogo sistemático:
1. Conflitos: Resolução: Psicologia forense   34:15
Cibele Maria Dias – Bibliotecária – CRB-8/9427

1ª edição, 2020.
Foi feito o depósito legal.

Informamos que é de inteira responsabilidade da autora a emissão de conceitos.

Nenhuma parte desta publicação poderá ser reproduzida por qualquer meio ou forma sem a prévia autorização da Editora InterSaberes.

A violação dos direitos autorais é crime estabelecido na Lei n. 9.610/1998 e punido pelo art. 184 do Código Penal.

Rua Clara Vendramin, 58 ▪ Mossunguê ▪ CEP 81200-170 ▪ Curitiba ▪ PR ▪ Brasil
Fone: (41) 2106-4170 ▪ www.intersaberes.com ▪ editora@editoraintersaberes.com.br

Sumário

Prefácio | 9
Apresentação | 13
Como aproveitar ao máximo este livro | 16

1. **Conflito | 21**
   1.1 Ideias sobre conflito | 23
   1.2 Contexto histórico | 24
   1.3 Possíveis causas geradoras de conflitos | 27
   1.4 Evolução dos níveis de conflito | 29
   1.5 Estágios do conflito | 30
   1.6 Espirais do conflito | 31
   1.7 Processos construtivos e destrutivos | 32
   1.8 Conceito de conflito | 34
   1.9 Teoria do conflito | 34
   1.10 Relacionamentos intrapessoais e interpessoais | 35
   1.11 Visão transformativa de conflitos | 36
   1.12 Administração de conflitos | 40
   1.13 Despolarização do conflito | 40

2. **Cultura da Não Violência e Cultura de Paz | 47**
   2.1 Aproximações iniciais | 49
   2.2 Espécies de violência | 50
   2.3 Não Violência | 52
   2.4 Não Violência na prática | 57
   2.5 Tipos de Violência | 58
   2.6 Ação não violenta | 59
   2.7 Não violência como estilo de vida | 60
   2.8 Cultura de Paz | 61
   2.9 Cultura de Paz restaurativa | 62
   2.10 Educação para a paz | 64

3. **Conceito de comunicação e comunicação não-violenta | 71**
   3.1 Comunicação | 73
   3.2 Axiomática da pragmática da comunicação interpessoal | 75
   3.3 Dificuldades de comunicação | 78
   3.4 Comunicação não-violenta | 79
   3.5 Comunicação que bloqueia a compaixão | 83
   3.6 Poder da empatia: a arte de se colocar no lugar do outro | 85

4. **Justiça formal e diferentes tipos de resolução de conflito | 93**
   4.1 Acesso à justiça | 95
   4.2 Obstáculos do acesso à justiça | 98
   4.3 Métodos adversariais ou consensuais | 104
   4.4 Formas heterocompositivas ou autocompositivas | 108
   4.5 Lide: processual ou sociológica | 111
   4.6 Meios adequados de resolução de conflitos | 114

5. **Sistema multiportas | 125**
   5.1 Análise do conflito | 127
   5.2 Escolha do método | 130
   5.3 Sistema multiportas ou fórum de múltiplas portas | 133
   5.4 Operadores do sistema multiportas | 140
   5.5 Escolha do ambiente | 145

6. **Métodos de resolução de conflitos | 151**
   6.1 Métodos adversariais heterocompositivos | 155
   6.2 Métodos consensuais autocompositivos | 162

Considerações finais | 187
Referências | 191
Respostas | 199
Sobre a autora | 203

Agradeço a Deus, por criar as condições necessárias para a realização desta obra e por colocar em meu caminho as mulheres Ruth, Elizabeth, Isadora e Mayra, essenciais para o desenvolvimento deste projeto e fundamentais para a minha vida.

Também ao meu professor, ex-chefe e amigo Roberto Portugal Bacellar, por sua genuína generosidade.

Prefácio

Esta obra, de minha amiga Mayta Lobo dos Santos, professora, advogada e mestre em Psicologia Forense, é um exemplo de trabalho teórico que motiva o saber fazer por meio da ação-reflexão-ação. Partindo de situações do dia a dia, da realidade do cidadão, ela apresenta sólida base filosófica e não fica por aí: mostra o que fazer na prática para modificar a realidade existente. Adorei a obra, que conseguiu me fazer visualizar a travessia coerente entre o saber de base teórica e o saber fazer teoricamente sustentado.
Estou honrado de prefaciar um material capaz de provocar significativa reflexão com oportunidade de crescimento individual, além de grande repercussão social. Os leitores compreenderão o que estou dizendo e transitarão pela obra como eu, aprendendo com exemplos da realidade, frases significativas e indicativos de ações para que possamos ser melhores como cidadãos que desejam encontrar a paz. Mayta buscou inspiração em Gandhi e nos brindou

com sua precisa e realista recomendação: "Seja a mudança que você quer ver no mundo".

A obra, objeto dos estudos de Mayta, desperta a motivação capaz de transformar, com base nas ações de cada um, a realidade de violência atual. Nesse caminho em busca do crescimento e da transformação, ela apresenta evidências que nos conduzem a novas reflexões e em seguida oferece conclusões parciais que são retomadas ao fim de cada etapa do conteúdo.

Depois de fazer emergir o pensamento de Gandhi, conclui a autora de maneira significativa: não adianta almejar uma Cultura da Não Violência se em nosso dia a dia o que fazemos é justamente apoiar condutas violentas. Uma advertência adequada ao tempo de muita informação e tecnologia, pouca comunicação e quase nenhuma tolerância.

Este livro busca estimular a coerência das condutas que precisam ser compatíveis com nossas atitudes em face de ações violentas em quaisquer graus. Mayta deixa a mensagem de que essa coerência deve existir até mesmo nas pequenas coisas da vida. Depois de discorrer sobre as múltiplas portas de acesso à justiça com comparações importantes entre os hospitais e os tribunais, que deveriam ser verdadeiros espaços de tratamento das relações humanas, a autora evidencia que todas as transformações exigem mudança cultural e ressignificação de percepção e de valores, as quais precisam ocorrer desde o banco escolar (pré-escola e ensinos fundamental, médio e superior).

As crianças são o futuro de nossa nação e desde cedo precisam desenvolver capacidades cognitivas, emocionais e comportamentais voltadas para soluções pacíficas de suas pequenas controvérsias. Sabendo lidar com essas questões, elas ampliariam sua consciência para dar soluções adequadas a tantos problemas que surgem no curso da vida.

Acredito que esta obra, como enfatiza a autora, estimulará os cidadãos a perceber o desenvolvimento de ferramentas para solucionar os próprios conflitos, deixando de lado o hábito cultural de delegar a solução dos problemas aos outros (pais, professores, chefes, juízes, políticos), propiciando uma real autonomia e o alcance de uma concreta Cultura de Paz.

Roberto Portugal Bacellar
Graduado em Direito (1988) pela Pontifícia Universidade Católica do Paraná (PUCPR); especialista em Direito Civil e Direito Processual Civil (1997) pela Universidade Paranaense (Unipar), com MBA em Gestão Empresarial (2004) pela Universidade Federal do Paraná (UFPR); e mestre em Direito Econômico Social (2001) pela PUCPR. Ingressou na carreira de juiz de direito em 1989. Atualmente, é desembargador do Tribunal de Justiça do Estado do Paraná (TJPR).

Apresentação

Este livro propõe um passeio pelo universo do conflito, dialogando com diversos institutos e visando às resoluções mais adequadas. Para isso, apresentaremos os princípios básicos do conflito, explicando sua origem histórica e os modos como ele se faz presente em nosso cotidiano. Destacaremos a importância dos confrontos para o desenvolvimento e o progresso da humanidade.

Em seguida, analisaremos a violência e suas formas de aparição, que desembocam em um fenômeno oposto: a Cultura da Não Violência, que propõe uma metodologia própria para resolver os conflitos de maneira pacífica. Também trataremos da importância da comunicação para as relações humanas e a abordaremos como modo principal para a promoção da resolução de conflitos.

Na sequência, explicaremos a atuação da justiça formal na resolução de conflitos, apontando seus entraves e as principais alternativas para resolvê-los. Apresentaremos, ainda, o sistema multiportas, que propõe a ideia de um centro de solução de conflitos no qual se torna possível um olhar mais aprofundado sobre a avença. Trataremos de inúmeras possibilidades para a escolha de um método que seja o mais adequado ao caso concreto. Por fim, detalharemos os processos mais utilizados no âmbito jurídico para a resolução dos conflitos.

Dessa forma, o universo do conflito não proporcionará estresse, mas sim apresentará conhecimentos que possam levar a uma comunicação mais primorosa, inserida na Cultura de Paz, capaz de evitar conflitos danosos e doloridos e de resolvê-los de maneira adequada, gerando uma transformação positiva para as pessoas e para as relações.

Como aproveitar ao máximo este livro

Empregamos nesta obra recursos que visam enriquecer seu aprendizado, facilitar a compreensão dos conteúdos e tornar a leitura mais dinâmica. Conheça a seguir cada uma dessas ferramentas e saiba como estão distribuídas no decorrer deste livro para bem aproveitá-las.

Conteúdos do capítulo
Logo na abertura do capítulo, relacionamos os conteúdos que nele serão abordados.

Após o estudo deste capítulo, você será capaz de:
Antes de iniciarmos nossa abordagem, listamos as habilidades trabalhadas no capítulo e os conhecimentos que você assimilará no decorrer do texto.

Resolução de conflitos: dialogando com a Cultura da Paz e o modelo multiportas

Sabemos que nem todos os conflitos podem ser resolvidos pacificamente por meio da simples comunicação. Muitas vezes, é necessário recorrer a meios jurídicos para que a resolução tenha reflexos burocráticos. Por conta disso, é necessário haver aporte estatal, por meio do Poder Judiciário, para a resolução de diversos tipos de conflitos, e isso significa que nem sempre o recurso que auxilia uma pessoa é o ideal para outra. Assim, há diversas maneiras como a justiça pode auxiliar nesse processo e será sobre isso que trataremos neste capítulo.

4.1 Acesso à justiça

O papel de pacificação dos conflitos nem sempre coube ao Estado. Até alguns anos atrás, havia a possibilidade de os próprios envolvidos adotarem métodos informais e rudimentares, sendo possível até mesmo o uso da força física, configurando a chamada *autotutela* (Almeida; Pantoja, 2016). Esse contexto reflete a lei de talião, na qual o próprio ofendido punia o ofensor, também conhecida pela máxima "olho por olho, dente por dente", que faz com que o mais forte, física ou economicamente, prevaleça. Assim, não raramente ocorriam abusos.

Atualmente, de modo excepcional, a autotutela (ou possibilidade de defesa ou de ação realizada pelo próprio ofendido ou credor) é admitida em nosso ordenamento jurídico nos seguintes casos:

> Ex. 1: legítima defesa da posse (autorização de defesa e manutenção da posse);
>
> Ex. 2: desforço incontinenti (exercício direto do direito de restituir-se da coisa por sua própria força), situações — nos dois casos — previstas no art. 1.210 do CC[1];

---
1 CC: Código Civil — Lei n. 10.406, de 10 de janeiro de 2002 (Brasil, 2002).

Introdução do capítulo

Logo na abertura do capítulo, informamos os temas de estudo e os objetivos de aprendizagem que serão nele abrangidos, fazendo considerações preliminares sobre as temáticas em foco.

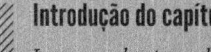

Isso ocorre porque a visão tradicional que temos do conflito é de que ele é prejudicial. Carregamos uma imagem negativa e autodestrutiva, com a ideia de que o conflito consome nossa energia, e os resultados desses pensamentos são justamente as reações desconfortáveis citadas. Azevedo (2013) explica que reações fisiológicas, emocionais e comportamentais que temos quando nos recordamos de um conflito que vivenciamos são eminentemente negativas. Nessa linha, passamos a pensar no conflito como algo a ser suprimido, eliminado da vida social, e assim a paz passa a ser fruto da ausência de conflito (Vasconcelos, 2017).

Mas será que o conflito é sempre destrutivo? Ou talvez ele possa gerar um resultado positivo? Antes de pensarmos em outras abordagens para o conflito, faremos uma breve viagem no tempo.

Questão para reflexão

I. Encontre o máximo de situações e de sentimentos negativos resultantes de um conflito. Em seguida, liste as consequências positivas proporcionadas por ele. Por fim, escreva sua conclusão em relação à existência e à vivência de conflitos.

Contexto histórico

Os conflitos existem desde o surgimento da humanidade. Relatos históricos mostram que eles causaram desordem e até mesmo guerras, provocaram dor e sofrimento. As relações humanas são estabelecidas por indivíduos com ideais e desejos próprios, que podem ir de encontro a opiniões e propósitos dos outros. Não somente nas relações interpessoais, mas também nas interações com outras pessoas, o conflito pode estar presente na mudança de pensamentos, conceitos e planos. Isso nos faz concluir que o conflito é onipresente.

Questão para reflexão

Ao propor estas questões, pretendemos estimular sua reflexão crítica sobre temas que ampliam a discussão dos conteúdos tratados no capítulo, contemplando ideias e experiências que podem ser compartilhadas com seus pares.

tende a acreditar que, em uma relação conflituosa, para que uma das partes tenha êxito em seus interesses, a outra tem de abrir mão de suas exigências. Isso acontece geralmente por falhas na comunicação e pelo entendimento errôneo de que os interesses são distintos — remetendo à ideia de que existem duas partes, uma certa e outra errada (Azevedo, 2016).

A partir do momento em que as partes começam a sair da fase de atrito e passam a demonstrar empatia uma pela outra, buscando soluções que possam transformar seus conflitos, chegamos ao que chamamos de *despolarização*. As pessoas têm suas diferenças e por isso precisamos respeitar o outro, mudar nossa visão, alterar nosso modo de agir e reagir às situações desconfortáveis, buscando aprimorar nossa forma de nos relacionarmos, almejando condutas não violentas e que visem à pacificação das relações, mas sem nos esquecermos de que os conflitos ainda existirão.

É justamente isso que as culturas da Paz e da Não Violência trazem. Não existe a ideia de um mundo sem conflitos, mas sim a busca da resolução não violenta deles, dado que, como vimos, eles fazem parte da civilização. Nós atingimos nossa humanidade quando aprendemos a lidar com os conflitos, então é preciso que nos esforcemos para manter uma relação pacífica com o outro. Quando agimos de maneira não violenta, estamos buscando estabelecer o equilíbrio das forças e almejando a garantia da justiça e da paz (Muller, 2007).

Síntese

Neste capítulo, mostramos que todos já passamos por conflitos e que eles não necessariamente são ruins; pelo contrário, historicamente, eles são forças impulsoras do desenvolvimento e da transformação dos comportamentos humanos. Entretanto, temos de concordar que existem maneiras mais positivas de aproveitar as relações conflituosas.

Observamos também que as principais causas para os conflitos são as frustrações, as diferenças de personalidade e de metas ou ainda de informações ou percepções. Além disso, existem algumas

Síntese

Ao final de cada capítulo, relacionamos as principais informações nele abordadas a fim de que você avalie as conclusões a que chegou, confirmando-as ou redefinindo-as.

Para saber mais

Filmes

COMPAIXÃO. Direção de Aaron J. March. Austrália: The Godot Company Films, 2010. 15 min. Documentário. Disponível em: <https://www.youtube.com/watch?v=sCdOoSVy6Ac>. Acesso em: 5 mar. 2020.

ESCRITORES da liberdade. Direção: Richard LaGravenese. Estados Unidos; Alemanha: Paramount Pictures, 2007. 123 min.
Uma jovem professora inspira seus alunos de alto risco a aprender tolerância e a buscar uma educação além do ensino médio.

OS TEMPOS de Harvey Milk. Direção: Rob Epstein. Estados Unidos, 1984. Documentário. 90 min.
Um documentário sobre a carreira de sucesso e o assassinato do primeiro supervisor homossexual eleito na cidade de São Francisco, na Califórnia.

Livros

BROWN, B. **A coragem de ser imperfeito**: como aceitar a própria vulnerabilidade, vencer a vergonha e ousar ser quem você é. Rio de Janeiro: Sextante, 2016.
A autora, maior referência no estudo da vulnerabilidade, encoraja os leitores a olhar e a assumir suas imperfeições, trocando a vergonha pelo acolhimento.

GUGLIELMI, A. **A linguagem secreta do corpo**: a comunicação não verbal. Petrópolis: Vozes, 2009.
O livro oferece consciência corporal, analisando os movimentos e os comportamentos do corpo, como gestos, olhares e caminhadas, apresentando-os como meios de transmissão de mensagens.

Para saber mais

Sugerimos a leitura de diferentes conteúdos digitais e impressos para que você aprofunde sua aprendizagem e siga buscando conhecimento.

Questões para revisão

1. Com base na visão transformativa do conflito, quais ideias e pensamentos você passou a ter sobre seus conflitos?

2. Após a leitura do capítulo, como você conceitua o conflito?

3. Ordene as alternativas de acordo com a possível evolução do conflito sugerida por Nascimento e El Sayed (2002).

    ( ) Discussão
    ( ) *Loss of face*
    ( ) Ataques generalizados
    ( ) Falta de humanidade
    ( ) Imagens fixas
    ( ) Estratégias
    ( ) Debate
    ( ) Ataque de nervos
    ( ) Façanhas

    Assinale a alternativa que apresenta a sequência correta:

    a) 1, 2, 3, 4, 5, 6, 7, 8.
    b) 3, 7, 1, 5, 2, 4, 6, 8.
    c) 1, 5, 9, 7, 4, 6, 2, 8, 3.
    d) 8, 1, 2, 4, 7, 3, 5, 6.
    e) 4, 7, 2, 3, 6, 8, 1, 5.

4. Correlacione os estágios do conflito mencionados por Pondy (citado por Bianchi; Jonathan; Meurer, 2016) com sua respectiva descrição.

    I) Latente
    II) Percebido
    III) Sentido
    IV) Manifesto
    V) Desfecho

Questões para revisão

Ao realizar estas atividades, você poderá rever os principais conceitos analisados. Ao final do livro, disponibilizamos as respostas às questões para a verificação de sua aprendizagem.

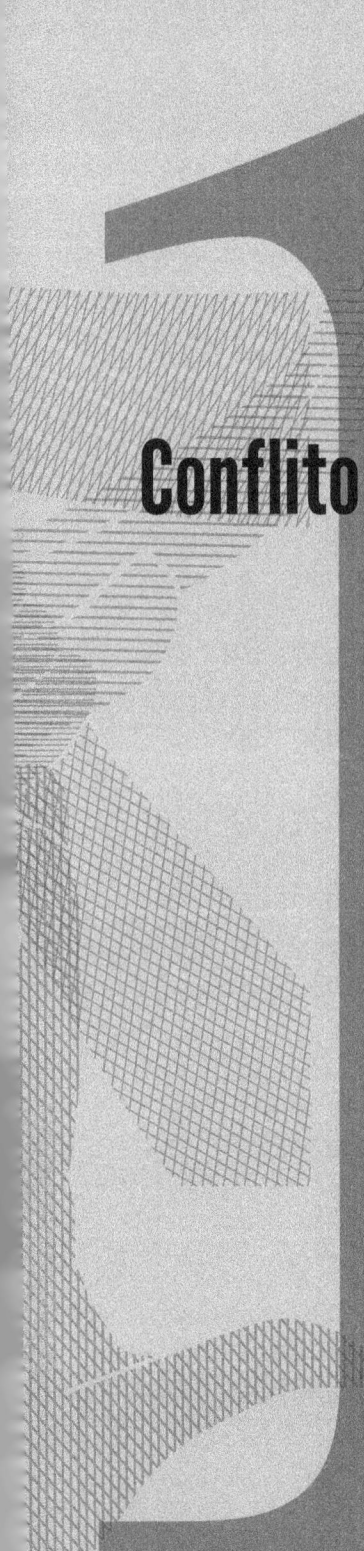

Conflito

CAPÍTULO 1

Conteúdos do capítulo:

- Contexto histórico do surgimento e do desenvolvimento da ideia de conflito.
- Entendimento sobre causas, níveis e estágios do conflito.
- Desenvolvimento e formas de resolução do conflito.
- Conceito e teorias acerca do conflito.
- Administração e transformação de conflitos.

Após o estudo deste capítulo, você será capaz de:

1. identificar teórica e contextualmente o que é um conflito;
2. compreender os estágios e os níveis de conflito;
3. identificar formas de transformar e administrar os conflitos.

1.1 Ideias sobre conflito

Você já teve algum conflito? Imaginamos que sim; e esperamos que, a partir de agora, possamos juntos entender melhor suas concepções, suas causas, suas consequências e alguns métodos para lidar com ele.

Ao pensar na palavra *conflito*, que ideias vêm à sua mente? Disputa, divergência, contrariedade, discussão, briga, embate, confusão, estresse, dor de cabeça?

Em regra, são essas as ideias que temos sobre o conflito, pois levamos em conta apenas seus fatores negativos e prejudiciais. De fato, não podemos negar que certos conflitos podem ser destrutivos, levando as pessoas a agir de maneira agressiva, podendo gerar discussões, disputas e até mesmo guerras.

Nesse viés, o conflito é visto como algo que precisa ser extinto das relações humanas, pois causa desconforto, uma vez que temos certa resistência a admiti-lo, visto que, quando nos envolvemos em situações conflituosas, desencadeamos reações fisiológicas, comportamentais e emocionais (Figura 1.1) (Brasil, 2016a).

Figura 1.1 – Reações fisiológicas ao conflito

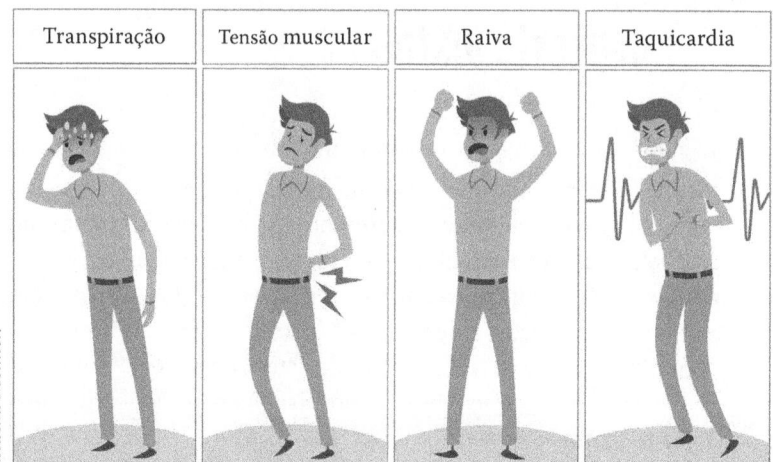

Natasha Melnick

Isso ocorre porque a visão tradicional que temos do conflito é de que ele é prejudicial. Carregamos uma imagem negativa e autodestrutiva, com a ideia de que o conflito consome nossa energia, e os resultados desses pensamentos são justamente as reações desconfortáveis citadas. Azevedo (Brasil, 2016) explica que as reações fisiológicas, emocionais e comportamentais que temos quando nos recordamos de um conflito que vivenciamos são eminentemente negativas. Nessa linha, passamos a pensar no conflito como algo a ser suprimido, eliminado da vida social, e assim a paz passa a ser fruto da ausência de conflito (Vasconcelos, 2017). Mas será que o conflito é sempre destrutivo? Ou talvez ele possa gerar um resultado positivo? Antes de pensarmos em outras abordagens para o conflito, faremos uma breve viagem no tempo.

> **Questão para reflexão**
>
> 1. Encontre o máximo de situações e de sentimentos negativos resultantes de um conflito. Em seguida, liste as consequências positivas proporcionadas por ele. Por fim, escreva sua conclusão em relação à existência e à vivência de conflitos.

1.2 Contexto histórico

Os conflitos existem desde o surgimento da humanidade. Relatos históricos mostram que eles causaram desordem e até mesmo guerras, provocaram dor e sofrimento. As relações humanas são estabelecidas por indivíduos com ideais e desejos próprios, que podem ir de encontro a opiniões e propósitos dos outros. Não somente nas relações interpessoais, mas também nas interações com outras pessoas, o conflito pode estar presente na mudança de pensamentos, conceitos e planos. Isso nos faz concluir que o conflito é onipresente.

O panorama evolutivo do conflito varia conforme as circunstâncias sociais, culturais e econômicas de determinado período. Vasconcelos (2017) indica a teoria e o contexto histórico do conflito de uma maneira muito didática e reflexiva. A pré-história foi vivida por nossos ancestrais nômades, que sobreviviam da pesca, da caça e da busca por mantimentos naturais que lhes eram suficientes. Naquele período, não existia classe social, hierarquia ou Estado; os conflitos eram resolvidos pela própria comunidade e as relações humanas eram horizontalizadas, sendo raros os casos de violência.

Com o passar do tempo, há aproximadamente 10 mil anos, certos grupos começaram a obter sua sobrevivência por meio da exploração da pecuária e da agricultura, dando início ao que chamamos de *Revolução Agrícola*, transformando as comunidades nômades em sedentárias. Não havia mais motivos para que esses povos abandonassem as terras em que viviam para sair em busca de outras, pois aprenderam a plantar e a colher e a pesca e a caça eram abundantes. O clima era adequado, o que favorecia a construção de abrigos, resultando na moradia fixa. Foi o fim da vida vagante.

A partir disso, começaram as disputas. Os mais fortes se apossaram das terras férteis e produtivas e dos animais, acumulando riquezas e poder, dando surgimento aos reinados e à escravização dos povos derrotados. Essa violência foi transformada em instrumento de poder para a perseguição dos mais fracos. Intelectuais, filósofos e artesãos ficaram à mercê daqueles que detinham esse poder.

Mesmo nesse cenário de dominação, mantiveram-se práticas consensuais de solução de conflitos, a exemplo da mediação e da conciliação, conduzidas por superiores hierárquicos presentes nas culturas que seguiam as religiões confucionistas, budistas, hinduístas, judaicas, cristãs e islâmicas, além de se fazerem presentes entre as práticas de diversos povos indígenas.

Com o desenvolvimento do comércio, o poder foi deslocado para a burguesia, composta pelos senhores dos mares e das cidades, mantendo a hierarquização dos valores, prevalecendo "os códigos de referência políticos (poder/não poder) e econômicos (ter/não ter) sobre os códigos de referência técnicos (verdade/falsidade), morais (certo/errado) e jurídicos (lícito/ilícito)" (Vasconcelos, 2017, p. 28). Para o autor, essa transformação está ligada ao fenômeno da cultura escrita, responsável pela alteração das relações entre as três formas de comunicação trazidas por Boaventura de Sousa Santos, citado por Vasconcelos (2017, p. 28): "a retórica, assente na persuasão; a burocracia, baseada em imposições autoritárias por meio de padrões normativos; a violência, assente na ameaça da força física".

O processo civilizatório avançou, passando pelas revoluções Francesa e Americana. A propagação do conhecimento impactou o modelo hierárquico de dominação, fazendo que a tripartição do poder fosse institucionalizada. Isso propiciou o surgimento dos modernos estados democráticos de direito, nos quais as políticas econômicas e sociais começaram a perder a conformação rígida. Com o passar do tempo, as sociedades modernas adquiriram conhecimento e ganharam consciência, o que contribuiu para mudanças essenciais, provocando uma inusitada emancipação social. As relações piramidais foram substituídas, aos poucos, pelas horizontais, e as pessoas passaram a conviver em uma pluralidade de contextos.

A chamada *revolução dos conhecimentos*, surgida nas últimas décadas do século XX, deflagrou "um sentimento-ideia de igualdade, que se expressa na forma de um movimento emancipatório, insurrecional" (Vasconcelos, 2017, p. 31). Acontecimentos em todos os cantos da Terra foram transmitidos por notícias que invadiram nosso dia a dia e nos desestabilizaram, afetaram nossos sentimentos e nossos valores, pois, na maioria das vezes, eram tragédias causadas pela violência. Diante dessa globalização comunicativa, a cidadania passou a se espalhar de maneira universal, garantindo aos indivíduos clareza e consciência de seus direitos a uma vida digna, à liberdade e à igualdade.

Com essa transformação, passamos a ter novos conflitos, baseados na horizontalidade, na persuasão, na igualdade de oportunidades e na disputa cooperativa. Entretanto, permanecemos como os antigos, calcados na coação, na discriminação, na competição e na hierarquia de classes. Mesmo com tanto crescimento, a modernidade não conseguiu eliminar dos indivíduos os valores sociais

vingativos, presos ao Código de Hamurabi, que instituiu a máxima "olho por olho, dente por dente". Ainda existe contradição em determinadas expressões de moral social e moral legal, mas, à parte disso, os conflitos geram também a busca de meios que tragam visões construtivas e integradoras.

Portanto, mesmo com base na ideia de que o conflito causa dor e sofrimento, ele faz parte do processo de desenvolvimento dos seres humanos e é necessário para o crescimento dos indivíduos, nos âmbitos social, organizacional e político. Assim, podemos entender que o conflito se modifica conforme os acontecimentos, e sua transformação depende das necessidades dos indivíduos envolvidos. Dessa forma, começamos a perceber que "o conflito é fenômeno inerente às relações humanas, sendo consequência de posições antagônicas quanto a fatos e comportamentos que envolvam expectativas, valores ou interesses comuns" (Vasconcelos, 2017, p. 21).

Mas, então, o que causa um conflito? Vejamos a seguir.

1.3 Possíveis causas geradoras de conflitos

Para que possamos refletir um pouco mais sobre o conflito, precisamos conhecer possíveis causas que levam a seu surgimento. Nascimento e El Sayed (2002, p. 48-49) apresentam algumas:

- **Experiência de frustração de uma ou ambas as partes:** incapacidade de atingir uma ou mais metas e/ou de realizar e satisfazer os seus desejos, por algum tipo de interferência ou limitação pessoal, técnica ou comportamental;
- **Diferenças de personalidade:** são invocadas como explicação para as desavenças tanto no ambiente familiar como no ambiente de trabalho, e reveladas no relacionamento diário através de algumas características indesejáveis na outra parte envolvida;

- **Metas diferentes:** é muito comum estabelecermos e/ou recebermos metas/objetivos a serem atingidos e que podem ser diferentes dos de outras pessoas e de outros departamentos, o que nos leva à geração de tensões em busca de seu alcance;
- **Diferenças em termos de informações e percepções:** costumeiramente tendemos a obter informações e analisá-las à luz dos nossos conhecimentos e referenciais, sem levar em conta que isto ocorre também como outro lado com quem temos de conversar e/ou apresentar nossas ideias, e que este outro lado pode ter uma forma diferente de ver as coisas.

Os conflitos decorrem da convivência social do homem com suas contradições, podendo ser divididos em quatro espécies que, de regra, incidem cumulativamente, como entende Vasconcelos (2017, p. 25):

a. conflitos de valores (diferenças na moral, na ideologia, na religião);

b. conflitos de informação (informação incompleta, distorcida, conotação negativa);

c. conflitos estruturais (diferenças nas circunstâncias sociais, políticas e econômicas dos envolvidos); e

d. conflitos de interesses (reivindicação de bens e direitos de interesse comum e contraditório).

São múltiplas as causas dos conflitos, assim como suas classes. A partir do momento em que passamos a analisar essas situações, percebemos que qualquer tipo de conflito, dependendo da importância que damos a ele ou de sua gravidade, pode atingir diversos níveis.

1.4 Evolução dos níveis de conflito

Os conflitos podem desencadear desde simples e pequenas diferenças até gigantescas desavenças. Nascimento e El Sayed (2002, p. 49-50) apresentam uma possível evolução que o conflito pode desencadear:

- **Nível 1 Discussão**: é o estágio inicial do conflito; caracteriza-se normalmente por ser racional, aberta e objetiva;
- **Nível 2 Debate**: neste estágio, as pessoas fazem generalizações e buscam demonstrar alguns padrões de comportamento. O grau de objetividade existente no nível 1 começa a diminuir;
- **Nível 3 Façanhas**: as partes envolvidas no conflito começam a mostrar grande falta de confiança no caminho ou alternativa escolhidos pela outra parte envolvida;
- **Nível 4 Imagens fixas**: são estabelecidas imagens preconcebidas com relação à outra parte, fruto de experiências anteriores ou de preconceitos que trazemos, fazendo com que as pessoas assumam posições fixas e rígidas;
- **Nível 5** *Loss of face* ("ficar com a cara no chão"): trata-se da postura de "continuo neste conflito custe o que custar e lutarei até o fim", o que acaba por gerar dificuldades para que uma das partes envolvidas se retire;
- **Nível 6 Estratégias**: neste nível começam a surgir ameaças e as punições ficam mais evidentes. O processo de comunicação, uma das peças fundamentais para a solução de conflitos, fica cada vez mais restrito;
- **Nível 7 Falta de humanidade**: no nível anterior evidenciam-se as ameaças e punições. Neste, aparecem com muita frequência os primeiros comportamentos destrutivos e as pessoas passam a se sentir cada vez mais desprovidas de sentimentos;
- **Nível 8 Ataque de nervos**: nesta fase, a necessidade de se auto preservar e se proteger passa a ser a única preocupação. A principal motivação é a preparação para atacar e ser atacado;

- **Nível 9 Ataques generalizados**: neste nível chega-se às vias de fato e não há alternativa a não ser a retirada de um dos dois lados envolvidos ou a derrota de um deles.

Dentro dessa lógica, dependendo da atenção que damos ao conflito, ignorando-o ou reprimindo-o, ele pode crescer e se agravar. Então, por ser um fenômeno dinâmico e recorrente, pode ensejar uma **escalada**, partindo da estabilidade para a crise, ou uma **desescalada**, da crise para a paz ou a estabilidade (Bianchi; Jonathan; Meurer, 2016).

Antes de entendermos essas (des)escaladas, que podem percorrer os nove níveis possíveis descritos por Nascimento e El Sayed (2002), apresentaremos a ideia de que o conflito tem fases ou estágios de percepção.

1.5 Estágios do conflito

Bianchi, Jonathan e Meurer (2016, p. 79) citam o autor Louis R. Pondy, que identificou cinco estágios do conflito:

- **latente**: é a situação em que os envolvidos não estão plenamente conscientes de sua presença;
- **percebido**: as dificuldades ou diferenças de opinião entre as pessoas são prontamente identificadas e compreendidas;
- **sentido**: emoções, como raiva, medo, ressentimento, tensão e ansiedade, são adicionadas à situação conflitiva;
- **manifesto**: existe o comportamento abertamente agressivo, visando frustrar ou bloquear o alcance das metas e objetivos da outra parte;
- **desfecho**: o futuro da relação é influenciado segundo a maneira como a controvérsia é resolvida. Se solucionada visando à satisfação de ambas as partes, então a base para futuras relações mais cooperativas pode ser estabelecida e a probabilidade de recorrência é reduzida.

Dessa forma, o rumo do conflito pode ser uma escalada destrutiva, passando pelos nove níveis vistos, ou uma desescalada, quando oportuniza uma transformação positiva da relação.

1.6 Espirais do conflito

A ideia de **espiral** é a de que há determinado ponto fixo que se afasta gradualmente. Os conflitos são vistos como uma crescente evolução (ou escalada) das relações sociais e podem estar inseridos em um contexto de ciclo vicioso de ação e reação dos envolvidos. A reação tende a ser cada vez mais desagradável e severa do que a ação inicial, criando questões e disputas que antes não eram o foco da situação, a qual pode ser apresentada por meio de um modelo chamado *espirais de conflito*, que quando não são controladas correm o risco de distanciar as partes de suas verdadeiras intenções (Brasil, 2016).

Nesse modelo, os envolvidos não agem de maneira autônoma, conscientes de seus objetivos, mas reagem à agressão desferida pelo outro. Dependendo das fases transpostas, as pessoas até se esquecem da origem da discussão e focam apenas em revidar. Um exemplo clássico dessa possibilidade é uma briga de trânsito, quando uma fechada pode desencadear uma buzinada, um xingamento, um racha, uma batida e uma violência física ou, até mesmo, levar a uma morte.

Deutsch, citado por Bianchi, Jonathan e Meurer (2016, p. 79) faz uma importante distinção entre os conflitos que podem ser destrutivos e os que podem se tornar construtivos. Para ele, os destrutivos são os que "têm uma tendência a se expandir e sofrer escaladas, gerando insatisfação, em um modelo ganha-perde"; já os conflitos construtivos se referem "às situações em que o resultado percebido por ambas as partes é satisfatório, em uma relação ganha-ganha".

1.7 Processos construtivos e destrutivos

Quando falamos em *processos construtivos* e em *processos destrutivos*, estamos tratando de possíveis modelos de resolução de conflitos. Nos processos **construtivos**, existe uma atenção para as necessidades das pessoas, que são conduzidas para que desenvolvam clareza e entendimento em relação aos conflitos, buscando o fortalecimento das relações humanas e fazendo com que elas possam ser construtivas a ponto de proporcionar aos indivíduos o crescimento pessoal ou profissional.

Deutsch caracteriza os processos construtivos (citado por Azevedo, 2012, p. 55-56, grifo do original):

> a. pela capacidade de estimular as partes a desenvolverem soluções criativas que permitam a compatibilização dos interesses aparentemente contrapostos; b) pela capacidade de as partes ou do condutor do processo (e.g. magistrado [...] ou mediador) de motivar todos os envolvidos para que **prospectivamente** resolvam as questões sem atribuição de culpa [...]; c) pelo desenvolvimento de condições que permitam a reformulação das questões diante de eventuais impasses; e d) pela disposição das partes ou do condutor do processo a abordar, além das questões juridicamente tuteladas, todas e quaisquer questões que estejam influenciando a relação (social) das partes. Em outros termos, partes quando em processos construtivos de resolução de disputas concluem tal relação processual com fortalecimento da relação social preexistente à disputa e, em regra, robustecimento do conhecimento mútuo e empatia.

Já os processos **destrutivos** são caracterizados por um rompimento nas relações sociais quanto à maneira como essas disputas são conduzidas. Quando se verifica certa dificuldade em relação às possibilidades que possam surgir, pode-se acabar prejudicando os envolvidos. "Em outras palavras, as partes quando em processos

destrutivos de resolução de disputas concluem tal relação processual com esmaecimento da relação social preexistente à disputa e acentuação da animosidade decorrente da ineficiente forma de endereçar o conflito", conforme dispõe Azevedo (2012, p. 55). Nesse caso, o vínculo é quebrado e ocorre um enfraquecimento nas relações que se baseiam em ataque ou em defesa. Todas as posturas tomadas objetivam tirar a razão da outra parte e há o entendimento de que, para um ganhar, necessariamente o outro precisa perder. E assim ocorre o rompimento das relações. Por isso, é importante ter o conhecimento e a sensibilidade para identificar, em meio a essas sequências de ações e reações, qual seria o motivo inicial do conflito, e, quando este for descoberto, possibilitar a interrupção do encadeamento de reações severas e violentas, trazendo mais clareza e discernimento à discussão, permitindo a compatibilização dos interesses e restabelecendo a relação.

Por falarmos em aspectos do conflito, ainda não apresentamos um conceito para o **conflito**. Para sintetizar, compartilhamos as conclusões de Vasconcelos (2017, p. 26):

a. os conflitos não podem ser eliminados porque são inerentes às relações humanas, tendo eles um potencial gerador de problemas e de oportunidades;

b. eles podem ser processados de modo construtivo ou destrutivo;

c. sociedade em que se pratica cultura de paz, é aquela que lida construtivamente com os conflitos;

d. lidar destrutivamente com o conflito é transformá-lo, pela polaridade, em espiral de confronto e violência;

e. lidar construtivamente é obter, pela via do conflito, novas compreensões, com estreitamento dos vínculos interpessoais e do tecido social;

f. são elementos do conflito a relação interpessoal, o problema objetivo e sua trama ou processo;

g. grosso modo, há conflitos de valores, de informação, de estrutura e de interesses.

Diante desse panorama, apresentaremos a conceituação a seguir.

1.8 Conceito de conflito

O conflito é definido "como um processo ou estado em que duas ou mais pessoas divergem em razão de metas, interesses ou objetivos individuais percebidos como mutuamente incompatíveis" (Azevedo, 2016, p. 47). Ele acontece quando existem choques de interesses, sendo inevitável, porém passível de ser compreendido e administrado. Faz parte de nossa humanidade e não é necessariamente negativo, podendo ser fonte de transformação positiva, caso seja encarado dessa maneira.

Kalil (2016, p. 124) faz uma interessante reflexão:

> O conflito é um fenômeno complexo, transdisciplinar, e pode ser visto sob vários aspectos, por diversas profissões (psicólogos, antropólogos, sociólogos, advogados etc.). Basicamente, um conflito pode ser definido como uma opção de forças antagônicas (Breitman; Porto, 2001) ou, em outras palavras, uma diferença de valores, divergência de ideias, posições, interesses etc., entretanto, isso não significa que esse conflito será *manifesto*, que haverá um briga, uma disputa – as pessoas podem ter seus interesses divergentes e essa sensação de mal-estar entre elas pode ser apenas *latente*. Nesse caso, haverá um conflito, mas não será evidente. [...] o conflito não precisa ser explícito para existir. Pelo contrário, alguns conflitos latentes podem ser bem mais prejudiciais, pois não são esclarecidos.

Assim, compreendemos, mais uma vez, o quanto o conflito está presente em nosso dia a dia e como ele pode até mesmo não ser percebido.

1.9 Teoria do conflito

Ao contrário do que a maioria pensa, os conflitos podem ser construtivos e positivos, sendo um elemento estrutural para as relações

humanas e para a vida social. Estamos falando da *moderna teoria do conflito*, que é a possibilidade de enxergá-lo de maneira positiva (Brasil, 2016). O conflito merece acolhimento, em vez de ser afastado das relações – é preciso adotar outra postura em relação a ele. Para isso, existem técnicas para trabalhar com situações conflitivas e lidar com os entraves das relações humanas, em mecanismos eficientes para a evolução e a superação das diferenças.
Assim, é de extrema importância conhecer e saber identificá-los nas relações pessoais. Nesse sentido, mesmo que muitas pessoas tenham dificuldade de se relacionar com as outras, para que seja alcançada uma boa convivência, é de extrema importância "saber se relacionar" – e podemos dizer que nesse quesito existem dois modelos: 1) as relações intrapessoais e 2) as relações interpessoais.

1.10 Relacionamentos intrapessoais e interpessoais

Nas relações **intrapessoais**, o indivíduo toma consciência de seus atos e de sua personalidade; é quando aprende as habilidades para controlar e entender seus medos e suas angústias, seus sonhos e suas motivações, e acaba desenvolvendo uma inteligência intrapessoal. Para Goleman (2001, p. 48), "é a capacidade de formar um modelo verdadeiro e preciso de si mesmo e usá-lo de forma efetiva e construtiva". Partindo do mesmo entendimento, Gardner (1995, p. 30) indica que inteligência intrapessoal "é o reconhecimento de habilidades, necessidades, desejos e inteligências próprias, a capacidade para formular uma imagem precisa de si próprio e a habilidade para usar essa imagem para funcionar de forma efetiva".
Quando esses elementos são acrescentados aos relacionamentos interpessoais, os fatores para desenvolver uma capacidade de comunicação aumentam, e as pessoas passam a se relacionar de

maneira positiva. Portanto, as relações interpessoais são aquelas que ocorrem entre duas ou mais pessoas, podendo ser definidas como de amizade, comunidade, amor e trabalho. Esses relacionamentos podem sofrer modificações diante de conflitos interpessoais, que podem ser desencadeados por questões raciais, de gênero ou culturais, além de outras divergências de opinião.

No momento em que o indivíduo reconhece essas emoções e tenta entender e distinguir seus efeitos, está controlando suas reações e desenvolvendo inteligência interpessoal, que, segundo Goleman (2001, p. 131), "é a habilidade de entender outras pessoas: o que as motiva, como trabalham, como trabalhar cooperativamente com elas... capaz de gerar uma energia adicional que nos leva a uma soma (um todo) maior que as partes, a chamada sinergia". Essa habilidade não nos é ensinada, de maneira técnica, então, pela metodologia experimental, sujeitamo-nos aos conflitos encontrados pelo caminho.

1.11 Visão transformativa de conflitos

Atualmente, buscam-se metodologias adequadas para a resolução de conflitos. Esses processos representam uma nova cultura, que utiliza comportamentos e habilidades de negociações pacíficas e harmoniosas que vão além das questões específicas, pois buscam mudanças construtivas e verdadeiras.

Praticar esses procedimentos de negociação faz que as pessoas mudem a maneira de pensar e estejam em constante evolução. De acordo com Lederach (2012, p. 27), a transformação de conflitos pode ser definida como

> visualizar e reagir às enchentes e vazantes do conflito social como oportunidades vivificantes de criar processos de mudança construtivos, que reduzam a violência e aumentem a justiça nas interações diretas e nas estruturas sociais, e que respondam aos problemas da vida real dos relacionamentos humanos.

Podemos notar os benefícios que essas novas formas de abordagem trazem, com efeitos extremamente positivos nas histórias conflitivas dos indivíduos. Enxergar o conflito com as numerosas lentes da transformação aumenta a compreensão sobre ele, favorecendo tomadas de decisão que levem em conta aspectos prementes e a possibilidade de construir coisas que gerem satisfação pessoal, mas que também se adaptem à realidade das pessoas, em uma busca de meios que promovam mudanças construtivas.

Utilizando essas novas abordagens que propiciam mais clareza e harmonia à solução de conflitos, iremos em direção à pacificação social. A escolha de métodos adequados para a transformação dos embates representa uma nova cultura na solução dos litígios, uma cultura de paz. No fundo, a transformação de conflitos busca essa mudança em nosso modo de pensar e de agir. Por meios que são sensíveis às crises existentes, buscam caminhos que se direcionem para soluções.

Para alcançarmos essa transformação, Lederach (2012, p. 63-76) sugere alguns princípios:

- **Desenvolver a capacidade para ver os problemas** – O autor faz uma pequena referência a janelas, que utiliza para explicar que elas têm seus valores e são importantes, mas, a partir do momento em que são instaladas, começamos a olhar através dos vidros. E assim temos de fazer com a transformação dos conflitos: não devemos focar nossa atenção nos problemas em si; podemos olhar além deles, para o que está por trás da situação, fazendo uma distinção entre o contexto e o conteúdo deles.
- **Desenvolver a capacidade de integrar múltiplas estruturas** – Devemos desenvolver a habilidade de pensar e agir sem que fiquemos presos a questões temporais; precisamos reagir em curto e em longo prazos e elaborar estratégias em diferentes níveis.
- **Desenvolver a capacidade de aplicar energias referentes aos conflitos como se fossem dilemas** – Ao nos envolvermos com dilemas e contradições, surgem as possibilidades de transformação; mesmo que diante do conflito não sejam abordadas incompatibilidades, às vezes podemos estar diante de situações que nos façam reconhecer questões diferentes das nossas e reagir a elas.

Quando fazemos uso de questões no "estilo tanto/como", ocorre uma transformação em nossos pensamentos e passamos a legitimar objetivos e energias, criando mecanismos de resolução às necessidades humanitárias e sociais.

- **Desenvolver a capacidade para fazer da dificuldade uma amiga, e não inimiga** – As pessoas sentem que não têm saídas ao se depararem com conflitos porque as dificuldades estabelecem uma atmosfera com seus medos e suas incertezas, as coisas se tornam obscuras e o sentimento de insegurança só aumenta. Cada um tem seu limite em relação às dificuldades: uns tentam encontrar uma solução de maneira rápida e segura, outras apenas se afastam, fazendo com que suas dificuldades se tornem sua inimiga. Lederach (2012, p. 69) cita as palavras de Abraham Lincoln: "A única maneira de realmente se ver livre de um inimigo é transformá-lo em amigo" – e a dica em relação às dificuldades é que devemos ser persistentes e confiar.
- **Desenvolver a capacidade de ver e ouvir a identidade** – As identidades são de extrema importância para as questões conflitivas, pois é por meio delas que podemos constatar como as pessoas enxergam os conflitos, como enxergam a si mesmas e de onde são. A identidade de uma pessoa pode estar em constante mudança e redefinição, então é preciso prestar atenção à linguagem corporal que ela emite, às suas escolhas e como essa pessoa age com os outros.

Como a maioria das pessoas não tem essas habilidades, é de extrema importância desenvolvê-las, mesmo que exija certo comprometimento e disciplina, já que os conflitos fazem parte das relações humanas. Para Bacellar e Santos (2016), até mesmo o Poder Judiciário deve estimular o acesso à resolução de conflitos de maneira adequada, e para que isso aconteça é necessário fortalecer a utilização de variados métodos, instrumentos e técnicas.

Ainda conforme Bacellar e Santos (2016), os conflitos nem sempre são fáceis de ser identificados, pois as relações humanas são muito complexas. Os autores defendem a apresentação de um portfólio com rol de mecanismos, técnicas e ferramentas para que a escolha do método seja adequada na resolução dos conflitos:

> nessa concepção de múltiplas portas de resolução de conflitos e recomenda (-se a) compatibilização estruturada na qual o encaminhamento e a abertura de uma porta não precisam concorrer com a abertura ou com o fechamento de outra. A condução adequada fará com que as soluções também possam ser mais adequadas. (Bacellar; Santos, 2016, p. 72)

É importante orientar-se na perspectiva de que a solução seja positiva para ambas as partes, que corresponda ao ganha-ganha, oferecendo maior valorização ao que as pessoas são, e não ao que elas têm. Aprender essas habilidades e ferramentas para entender o conflito evidencia o respeito, visto que, quando os indivíduos recuam para compreender o ponto de vista do outro, demonstram cuidado e consideração com as pessoas que estão a sua volta, seja no trabalho, seja na família, seja com os amigos. Dessa maneira, evidenciam que se interessam pelo próximo e que os relacionamentos entre as pessoas têm extrema importância.

A ligação que existe entre as pessoas é um recurso poderoso, e lidar com o conflito ajuda a construir relacionamentos interpessoais mais fortes, saudáveis e capazes de motivar a mudança social. A transformação de conflito é definida como uma corrente inovadora, pois atua de maneira pacífica e não violenta, com base na escuta ativa, cujo principal objetivo é que os resultados alcançados sejam positivos para ambas as partes.

Essa transformação vai muito além da resolução do conflito, tratando-o como uma grande oportunidade de modificar o contexto, podendo analisá-lo e compreender o sistema atual de relacionamentos e os padrões que motivam as crises.

1.12 Administração de conflitos

Sabendo que os conflitos têm um lado construtivo ou positivo e outro destrutivo ou negativo, podemos reconhecer que eles precisam ser administrados e que é necessário buscar resultados produtivos e sustentáveis. É importante desenvolver pontos de vista diferentes, propiciar diálogos prolíferos que agreguem benefícios em nossas relações, e para isso é importante termos uma boa comunicação, utilizando técnicas e estratégias para que o entendimento da conversa seja claro, sem dúvidas ou mal-entendidos.

Na administração dos conflitos, há pelo menos três opções: 1) ignorar ou fugir: possibilidades que nos impedem de transformar as relações interpessoais; 2) debater ou discutir: alternativas que proporcionam a apresentação da ideia ou do pensamento de modo impositivo, almejando o convencimento do outro; 3) dialogar: opção que permite a apresentação de um ponto de vista com o propósito de que o outro o conheça; então quem falou ouve a outra pessoa de maneira atenta, curiosa e respeitosa.

É necessário entender que os conflitos sempre surgirão. O que não podemos é ter a ideia de que eles são partes antagônicas, dois polos distintos, sendo um certo e o outro errado. Chamamos esse tipo de divisão de *polarização*. As partes precisam chegar a um consenso referente a seus entraves, traçar estratégias e identificar as causas dos conflitos, buscando sua transformação.

1.13 Despolarização do conflito

Nos métodos de resolução de conflitos, a busca é pela transparência de ambas as partes em demonstrar interesse na resolução, além de ter de partir delas mesmas a análise do conflito e as possibilidades de caminhos a serem trilhados. Ocorre que o ser humano tende a acreditar que, em uma relação conflituosa, para que uma das partes tenha êxito em seus interesses, a outra tem de abrir mão de suas exigências. Isso acontece geralmente por falhas na comunicação e pelo entendimento errôneo de que os interesses são distintos – remetendo à ideia de que existem duas partes, uma certa e outra errada (Azevedo, 2016).

A partir do momento em que as partes começam a sair da fase de atrito e passam a demonstrar empatia uma pela outra, buscando soluções que possam transformar seus conflitos, chegamos ao que chamamos de *despolarização*. As pessoas têm suas diferenças e por isso precisamos respeitar o outro, mudar nossa visão, alterar nosso modo de agir e reagir às situações desconfortáveis, buscando aprimorar nossa forma de nos relacionarmos, almejando condutas não violentas e que visem à pacificação das relações, mas sem nos esquecermos de que os conflitos ainda existirão.

É justamente isso que as culturas da Paz e da Não Violência trazem. Não existe a ideia de um mundo sem conflitos, mas sim a busca da resolução não violenta deles, dado que, como vimos, eles fazem parte da civilização. Nós atingimos nossa humanidade quando aprendemos a lidar com os conflitos, então é preciso que nos esforcemos para manter uma relação pacífica com o outro. Quando agimos de maneira não violenta, estamos buscando estabelecer o equilíbrio das forças e almejando a garantia da justiça e da paz (Muller, 2007).

Síntese

Neste capítulo, mostramos que todos já passamos por conflitos e que eles não necessariamente são ruins; pelo contrário, historicamente, eles são forças impulsoras do desenvolvimento e da transformação dos comportamentos humanos. Entretanto, temos de concordar que existem maneiras mais positivas de aproveitar as relações conflituosas.

Observamos também que as principais causas para os conflitos são as frustrações, as diferenças de personalidade e de metas ou ainda de informações ou percepções. Além disso, existem algumas espécies de conflitos, como de valores, de informação, estruturais e de interesse.

Há, ainda, nove níveis de conflitos – discussão, debate, façanhas, imagens fixas, *loss of face*, estratégias, falta de humanidade, ataque de nervos e ataques generalizados (Nascimento; El Sayed, 2002) –, dentro dos quais pode haver os processos de escalada ou de desescalada. Já os estágios dos conflitos são cinco: latente, percebido, sentido, manifesto e desfecho (Bianchi; Jonathan; Meurer, 2016). Eles podem entrar em uma espiral, ficando mais difícil de percebê-los e de agir sobre eles.

Vimos que existem os processos construtivos e os destrutivos, com suas devidas caracterizações. Em seguida, exploramos o conceito de conflito e adentramos em sua teoria. Abordamos também os relacionamentos intrapessoais e interpessoais e apresentamos uma visão transformativa para os conflitos, a qual tem a intenção de desenvolver capacidades para observar os problemas, integrar as múltiplas estruturas, aplicar as energias sobre os conflitos como se fossem dilemas, transformar as dificuldades em amigas e, ainda, ver e ouvir a identidade.

Após entendermos o que são os conflitos e a importância de termos uma visão transformativa sobre eles, exploramos os modos de administrá-los, desembocando na necessidade de promover sua despolarização.

Para saber mais

Filme

DEUS da carnificina. Direção: Roman Polanski. França; Espanha; Polônia; Alemanha: Imagem Filmes, 2012. 80 min.

Dois casais marcam um encontro cordial após seus filhos se envolverem em uma briga. Entretanto, conforme seu tempo juntos progride, comportamentos infantis transformam a discussão em caos.

Livros

BURBRIDGE, A.; BURBRIDGE, M. **Gestão de conflitos**: desafio do mundo corporativo. São Paulo: Saraiva, 2012.

Esse material apresenta as percepções positivas dos conflitos e como transformá-los em oportunidades, sendo útil especialmente em empresas e em organizações.

FISHER, R.; SHAPIRO, D. **Além da razão**: a força da emoção na solução de conflitos. Rio de Janeiro: Imago, 2009.

A obra desconstrói a crença de que no âmbito profissional não há espaços para as emoções, e os autores defendem que elas devem ser reconhecidas e consideradas. Para eles, as emoções vêm de interesses centrais que podem ser atendidos (emoções positivas) ou não (emoções negativas).

OGLIANO, P. **Manual da convivência**. Joinville: Clube de Autores, 2018.

Como descreve o título, o livro se refere às habilidades para aprimorar a convivência em diversos contextos, como familiar, profissional e social.

SOARES, M. de F. R. **Carta para você, para mim e para outros**. Recife: Nossa Livraria, 2018.

Uma carta que trata de uma relação afetiva e a influência dessa relação para a saúde mental dos envolvidos, os processos de adoecimento e de cura.

Vídeo

RESOLUÇÃO de conflitos. Oficina de Psicologia, 18 mar. 2016. Disponível em: <https://www.youtube.com/watch?v=CxK5F17Dyd8>. Acesso em: 4 mar. 2020.

Questões para revisão

1. Com base na visão transformativa do conflito, quais ideias e pensamentos você passou a ter sobre seus conflitos?

2. Após a leitura do capítulo, como você conceitua o conflito?

3. Ordene as alternativas de acordo com a possível evolução do conflito sugerida por Nascimento e El Sayed (2002).

   ( ) Discussão
   ( ) *Loss of face*
   ( ) Ataques generalizados
   ( ) Falta de humanidade
   ( ) Imagens fixas
   ( ) Estratégias
   ( ) Debate
   ( ) Ataque de nervos
   ( ) Façanhas

   Assinale a alternativa que apresenta a sequência correta:

   a) 1, 2, 3, 4, 5, 6, 7, 8, 9.
   b) 9, 3, 7, 1, 5, 2, 4, 6, 8.
   c) 1, 5, 9, 7, 4, 6, 2, 8, 3.
   d) 8, 1, 9, 2, 4, 7, 3, 5, 6.
   e) 4, 7, 2, 3, 6, 8, 1, 5, 9.

4. Correlacione os estágios do conflito mencionados por Pondy (citado por Bianchi; Jonathan; Meurer, 2016) com sua respectiva descrição.

   I) Latente
   II) Percebido
   III) Sentido
   IV) Manifesto
   V) Desfecho

( ) A situação em que os envolvidos não estão plenamente conscientes de sua presença.
( ) Existe o comportamento abertamente agressivo, visando frustrar ou bloquear o alcance das metas e dos objetivos da outra parte.
( ) As dificuldades ou as diferenças de opinião entre as pessoas são prontamente identificadas e compreendidas.
( ) Emoções como raiva, medo, ressentimento, tensão e ansiedade são adicionadas à situação conflitiva.

a) V, I, IV, II, III.
b) I, III, V, II, IV.
c) V, IV, I, III, II.
d) IV, I, II, V, III.
e) V, I, III, IV, II.

5. Imagine a seguinte situação: dois motoristas (X e Y) estão trafegando pela mesma via, quando X se distrai e invade parte da pista deY, que buzina para X;este revida e também buzina e xinga Y, que responde com um palavrão. Então, X manobra o carro na direção de Y, que atinge o carro de X. Por fim, os motoristas estacionam e se agridem fisicamente. Essa sequência de atos configura qual evento da teoria do conflito? O comportamento dos motoristas se caracteriza como qual modelo de processo de resolução de conflito?

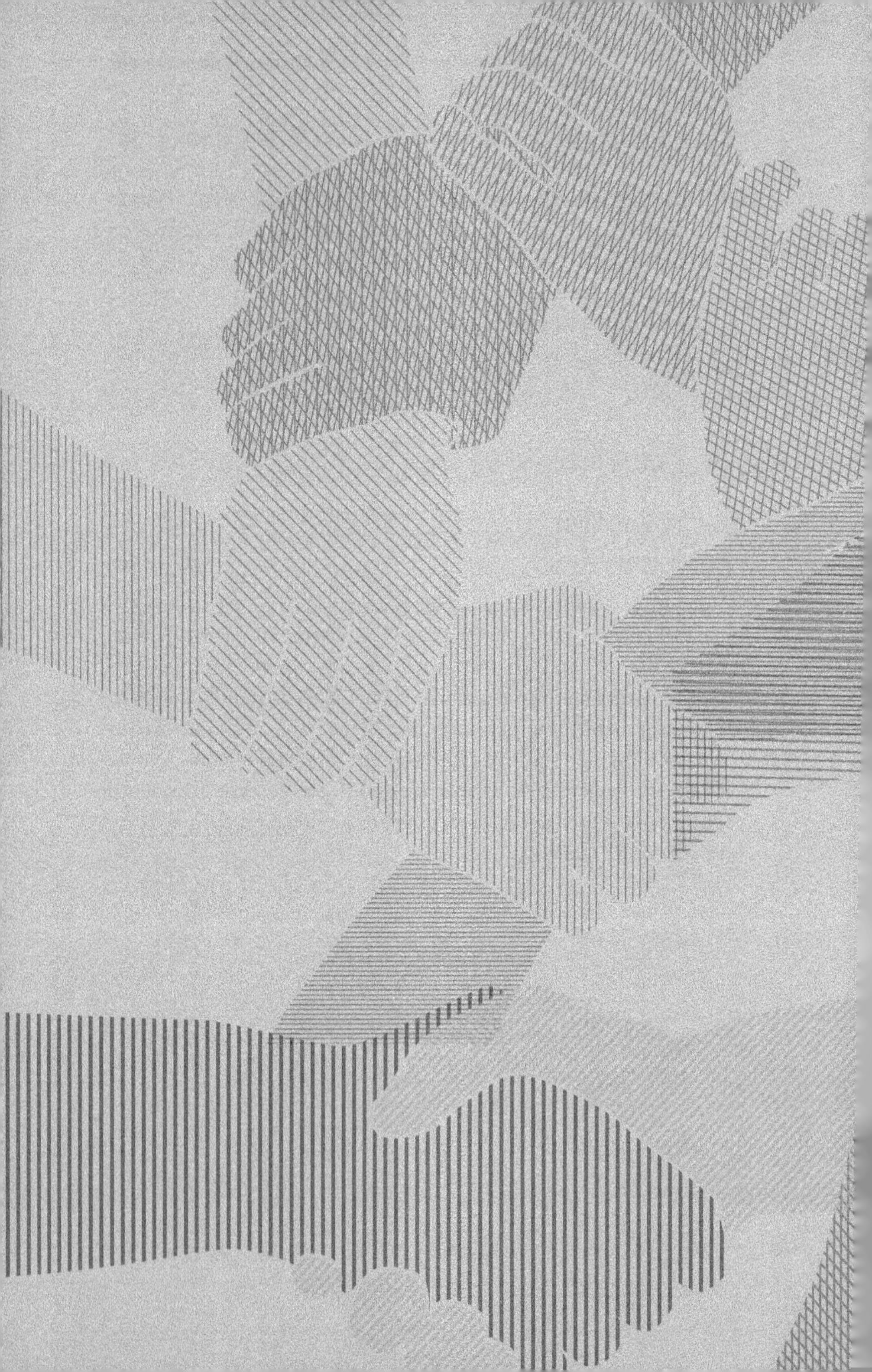

CAPÍTULO 2

Cultura da Não Violência e Cultura de Paz

Conteúdos do capítulo:

- Violência e Cultura da Não Violência.
- Espécies e tipos de violência.
- Ação não violenta.
- Cultura de Paz.

Após o estudo deste capítulo, você será capaz de:

1. reconhecer contextos violentos;
2. promover a Cultura da Não Violência e a Cultura de Paz;
3. compreender a importância da Cultura da Não Violência e da Cultura de Paz para a resolução de conflitos.

2.1 Aproximações iniciais

Qual é a primeira palavra que vem à sua cabeça quando se trata de violência? *Agressão, assalto, tiro, estupro, soco, tapa, assassinato, preconceito, desigualdade*? É uma lista grande de possíveis respostas, e nenhuma está mais correta ou mais equivocada; todas estão relacionadas de alguma maneira ao que se entende como violência: um ato intencional que provoca um dano.

Assim como o conflito, a violência está presente na vida humana desde a tenra idade. Relatos históricos contam que as disputas físicas começaram a partir do momento em que se instituiu a propriedade privada, pois com ela houve a necessidade de brigar pelos melhores espaços a serem ocupados.

Com o passar do tempo, já na era do *Homo sapiens*, a violência foi personificada na posição da guerra. Mas não só nela. As guerras estão presentes na história desde que temos conhecimento, e não apenas em povos europeus; há relatos de disputas entre os antepassados da América Latina, como maias, incas e povos amazônicos. Em larga escala, as guerras começaram a ser narradas com o surgimento dos impérios grego e romano, no momento histórico conhecido como Antiguidade. De lá para cá, elas não deixaram de ocorrer.

É importante lembrar que países que foram colônias, como o Brasil, são frutos de violência. Não que Portugal tenha colonizado o espaço por ter ganhado ou perdido alguma guerra, pelo contrário, sabe-se que as navegações chegaram à costa por puro acidente. Entretanto, a violência se estabeleceu desde que os portugueses pisaram em nossas praias. Foram centenas de milhares de indígenas dizimados e mulheres estupradas, e os sobreviventes foram escravizados. Quando já não havia mais indígenas suficientes para a realização do trabalho braçal, iniciou-se a escravidão dos povos negros, que depois foi substituída pela mão de obra imigrante – a qual não era escrava, mas recebia tão pouco que era quase como se fosse.

Se olharmos para a história mundial, verificaremos que enorme parte dos territórios que compõem o mapa-múndi de hoje foram construídos e territorializados com base na violência. Até mesmo os Estados Unidos da América tiveram seu território definido após uma guerra civil. Os países europeus sofreram imensas mudanças territoriais depois da Primeira e da Segunda Guerras Mundiais, e até mesmo as gigantes Rússia e China tiveram sua área alterada pela violência.

Todos esses fatos nos levam a refletir que a violência, assim como o conflito, faz parte do impulso por transformações na humanidade. Entretanto, ela gera mortes desnecessárias e, exceto em casos muito específicos, não tem razão para ser aplicada. Como vimos no capítulo anterior, é possível lidar com relações conflituosas sem apelar para a violência, e talvez tenha sido a falta desse conhecimento que fez que nosso mundo se tornasse tão competitivo quanto é hoje.

O que veremos agora é que, apesar de a violência ser uma constante em nossa vida e estar presente diariamente nos noticiários e até mesmo em nossa memória genética, podemos nos esquivar dela. Mais do que isso, evitar a violência pode trazer grandes ganhos para a vida em sociedade.

Questão para reflexão

1. Escreva como você acha que seria o mundo atualmente se a maior parte das guerras tivesse sido substituída por atitudes de Não Violência.

2.2 Espécies de violência

A violência é um fenômeno que vem crescendo em todo o mundo, apesar de ser uma maneira negativa de encarar os conflitos, pois

gera medo e desconfiança, faz que as pessoas se isolem do mundo e, à medida que perdura, as vítimas se tornam traumatizadas, assustadas e impotentes. Realmente, *violência* é um termo que engloba situações e significados bem diversos.
As manifestações de violência também são variadas e em alguns casos são mais visíveis do que em outros. Alguns teóricos a dividem em três espécies (Brasil, 2010b):

1. **Direta** – Em que se vê a violência.
2. **Estrutural** – Relacionada ao modo como a sociedade está organizada.
3. **Cultural** – Ligada a normas, atitudes e valores.

A violência **direta** pode ser exemplificada pelas já mencionadas guerras. Já a violência **estrutural** é relativa à organização da sociedade, então pode não aparecer muito. Um exemplo é a escravidão; na época em que era empregada, não era entendida como um tipo de violência, porque fazia parte da formação estrutural da sociedade. Felizmente, com o passar dos anos, essa visão foi modificada.
A violência **cultural** talvez seja a mais difícil de ser percebida por todas as partes, visto que demanda consciência da própria atuação cultural, algo que não é atingido com facilidade. Está relacionada a abusos de poder, como o realizado entre homens e mulheres – quando aqueles se entendem superiores a estas e utilizam sua força física para maltratá-las, essa atitude é parte da violência cultural, que também está expressa em assédios e no famoso *bullying*.
As três espécies estão ligadas e se retroalimentam, o que dialoga com a ideia de que a violência é um fenômeno multicausal e complexo. Isso indica que, por trás de um ato de violência, existem diversos fatores de naturezas distintas (Brasil, 2010b). As tradições violentas estão inseridas em nós e marcam nossas atitudes, podendo se manifestar a qualquer momento.
Quando observamos a fundo, podemos enxergar que em cada um de nós existem valores que podem ser aproveitados em favor da construção da sabedoria da Não Violência: basta que sejam estimulados pela sociedade. Entretanto, o que é feito na atualidade é

o oposto, com os valores relacionados à violência sendo estimulados enquanto os relacionados à Não Violência são subtraídos. É importante frisar que **não existe uma única solução para tratar a violência**, mas sim uma combinação de estratégias que respondem aos fatores ligados a um ato violento. Olhar para a violência por esse prisma de excesso de fenômenos e de causas pode parecer uma tentativa de dificultar algo que já é muito complicado, mas é justamente o contrário, pois, quando se deixa de acreditar em uma solução universal e única e se passa a analisar a violência mais detalhadamente, é possível alcançar rastros eficazes para enfrentar problemas complicados.

Assim, quando se faz uma observação dos detalhes e das características da violência, surge a possibilidade dos temas da Não Violência e da Cultura de Paz, que se mostram relevantes para a sociedade e serão abordados com ênfase na sequência.

Questão para reflexão

1. Pense sobre todas as vezes em que você já se sentiu violentado. Coloque essas situações no papel, ao lado de todas as vezes que você agiu de maneira violenta com alguém. O que difere você das pessoas que o violentaram? Por que outros modos de abordar o conflito não foram levantados?

2.3 Não Violência

A Não Violência é um método de resistência pacífica para solucionar conflitos. Além de ser um tipo de luta social, é um estilo de vida, uma estrutura de filosofia de vida e uma metodologia com raízes antigas, que foi inspirada em profundas condições religiosas e morais. Historicamente, a Não Violência renasceu no século XX com Mahatma Gandhi (1869-1948), em 1940, e Martin Luther

King Jr. (1929-1968), em 1960. A Cultura da Não Violência é um modo de pensar e agir que rejeita atos violentos e valoriza a diversidade, o diálogo, a negociação e a mediação como estratégias para a resolução de conflitos.

Figura 2.1 – Gandhi

StockImageFactory.com/Shutterstock

Gandhi foi um importante líder indiano que lutou contra os ingleses no período de colonização de seu país. Na época, o que chamou a atenção foi justamente seu tipo de luta: a Não Violência. Sua perspectiva era de que os ingleses não atacariam de maneira armada se os indianos não estivessem armados também, pois isso seria considerado desonra. Assim, seu modo de vencer a batalha foi desarmar seu exército e construir uma frente de resistência aos abusos britânicos. As práticas envolveram greves de fome e longos discursos. Ao fim da história, o pacifismo de Gandhi prevaleceu sobre a violência britânica, e a Índia conseguiu sua independência (Gandhi, 2007).

Outro expoente da Não Violência no século XX, Martin Luther King Jr., teve sua ação em um contexto bastante diferente. Na década de 1960, os Estados Unidos ainda enfrentavam uma grande divisão racial, havia separação para banheiros de negros e de brancos, assim como no transporte público, nas igrejas e nos demais espaços compartilhados. A população negra estadunidense sofria com descaso e abandono por parte do Estado.

Neste contexto, Martin Luther King Jr. se tornou popular ao utilizar a palavra para gerar reflexões na população não negra do país. Seu intuito era promover a paz entre pessoas com diferentes tons de pele. Mais do que isso, ele pretendia dar aos negros a oportunidade de transformar seus sonhos em realidade. Assim como Gandhi, ele não fez uso de armas e de outros tipos de violência para atacar seus agressores, mas, mesmo assim, foi morto por um tiro desferido em público.

Isso significa que não basta ser não violento. Enquanto vivermos em uma sociedade pró-violência, estamos todos sujeitos a ser afetados por ela. Por conta disso, a Cultura da Não Violência busca a organização e a mobilização social, voluntária e solidária, pelo desenvolvimento das virtudes pessoais e pela não colaboração com as práticas violentas, afinal essa cultura só será eficaz quando for praticada pela maior parte da sociedade. Faz parte dela, ainda, denunciar todos os atos violentos e de discriminação.

Com maneiras bem precisas que definem a metodologia de ação na conduta dos indivíduos, a Cultura da Não Violência traz alguns parâmetros de análise e propõe pensamentos e ações da seguinte maneira:

I. **Conduta** – Eu trato os outros como quero ser tratado?
II. **Coerência** – Eu costumo agir conforme aquilo que penso ser melhor para minha vida? E em relação aos que estão a minha volta, como costumo agir?
III. **Atitude** – Eu recuso ou denuncio quando a violência se manifesta a meu redor? Eu colaboro com as diferentes formas de violência?

Todos esses parâmetros podem ser resumidos em uma das mais famosas frases proferidas por Gandhi (2007): "Seja a mudança que você quer ver no mundo", no sentido de que não adianta almejar uma Cultura da Não Violência se em nosso dia a dia o que fazemos é justamente apoiar condutas violentas. Sem ter coerência em nossa conduta e em nossas atitudes diante das ações violentas, de nada adianta nos afirmarmos como favoráveis à Cultura da Não Violência, pois ela só se tornará hegemônica a partir do momento em que cada um de nós viver de acordo com suas premissas, mesmo que nas menores coisas.

Nesse sentido, alguns propagadores da Cultura da Não Violência defendem que se deve respeitar e amar seus oponentes. Esse é um princípio que se aproxima de justificativas religiosas e espirituais para a Não Violência. Segundo Pimentel Neto (2014) o princípio de respeito pode ser visto "no conceito budista de metta (amor fraterno entre todos os seres vivos) e no princípio de ahimsa (não-violência entre todos os seres vivos), cujos três pilares básicos são:

1. Busca da verdade;
2. Não Violência;
3. Livre aceitação do sofrimento.

Assim, a Não Violência não pode se afastar da busca da verdade e da aceitação do sofrimento. O que isso significa? Que precisamos conhecer mais de nós mesmos, dos outros e de todas as circunstâncias existentes em sua profundidade e em sua essência. Aqueles que aceitam que a verdade não se trata de uma pertença absoluta e que não é exclusiva acabam se aproximando cada vez mais da humildade.

Figura 2.2 – Verdades

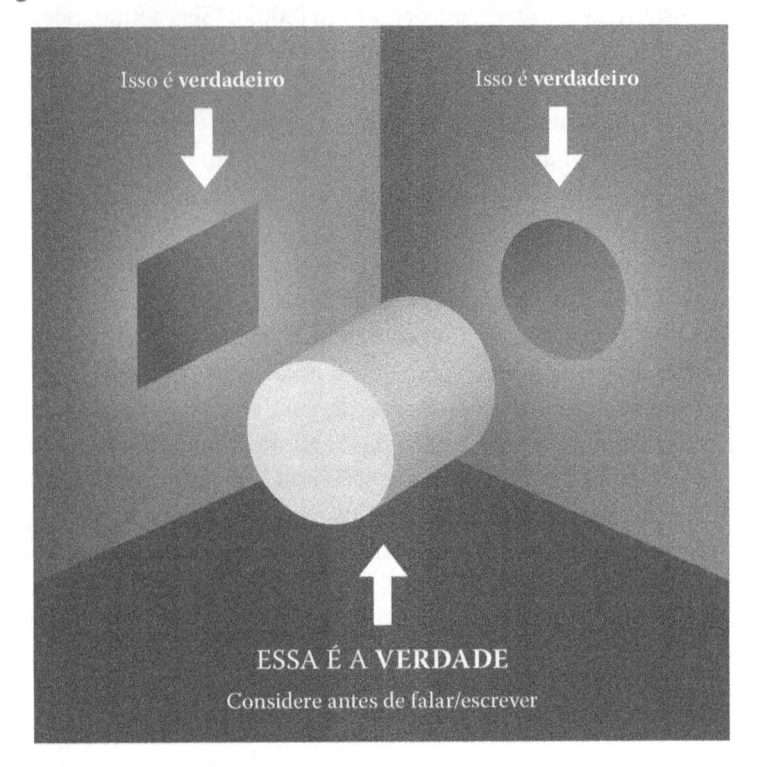

Isso é verdadeiro

Isso é verdadeiro

ESSA É A VERDADE
Considere antes de falar/escrever

Segundo os ensinamentos de Buda, há oito caminhos que o homem pode seguir para se libertar do mau e alcançar a sabedoria. Sendo necessário visão correta, intenção correta, palavra correta, ação correta, modo de vida correto, esforço correto, atenção plena correta e concentração correta. Essa doutrina baseia-se na harmonia e no equilíbrio, por isso também conhecida pelo caminho do meio, que conduz o homem à cessação do sofrimento (Harvey, 2019).
Assim:

> A não-violência entende que o fim resulta dos meios, num ciclo de causas e efeitos que se correlacionam e se estendem numa espiral evolutiva. Desta forma, a paz não pode ser obtida por métodos violentos e repressivos. Uma "paz" que se pretenda obter pela opressão

cessa assim que os instrumentos repressivos deixam de ser usados. Não haverá uma paz real enquanto ela não se estender a todos os indivíduos de uma sociedade. (Pimentel Neto, 2014)

Assim, em uma releitura, a frase "O fim justifica os meios" passaria a ser lida como "Os meios justificam o fim", visto que o fim é o resultado dos meios que utilizamos. É preciso que estes sejam condizentes com aquele, que ambos sejam coerentes. Usar os meios para justificar a violência significa que estamos fazendo dela um processo técnico, uma ferramenta para alcançarmos o que queremos. Assim, "Quem quer o fim, quer os meios. Quem quer a justiça quer efetivamente meios justos. Quem quer a paz quer efetivamente meios pacíficos. A ação é o que importa, não a intenção do agente" (Muller, 2007, p. 82).

2.4 Não Violência na prática

Cada vez mais, a Cultura da Não Violência tem sido semeada e discutida, principalmente por educadores. O intuito é promover a construção de novos valores, uma mudança nas atitudes individuais e nas relações pessoais, buscando reverter o quadro de violência atual.

A prática dessa cultura leva as pessoas a um caminho de humanidade em direção à verdade. É um marco regulador das relações interpessoais e sociais, já que ser uma pessoa não violenta e não praticar atos violentos é a conduta que se espera de qualquer indivíduo que pretenda conviver em sociedade. Agir conforme a Cultura da Não Violência é construir uma sociedade melhor, promover entre as relações humanas o diálogo, a amizade, a compaixão e a justiça.

O fundamento da justiça consiste em ter pensamentos justos, pois apenas isso será capaz de recusar a violência em todas as suas formas. Aquele que pensa de maneira justa é quem busca um julgamento equilibrado. Qualquer desequilíbrio acontece porque houve um erro de pensamento. E a violência nada mais é do que um desequilíbrio, pois o objetivo da Não Violência é justamente buscar equilíbrio nos próprios conflitos das relações humanas. Nesse sentido, intenta-se atingir a generosidade, a empatia e o amor ao próximo. Sabemos que nem sempre o homem é bom, mas pode se tornar, já que tanto a perversidade quanto a bondade são parte da essência humana. É pela bondade que o homem se transforma em um criador da paz, mas a paz não pode ser identificada como o fim dos combates, pela vitória de uns e a derrota de outros.

A paz deve ser identificada como "minha paz" que vai em direção ao outro. É quando eu expresso bondade e paz para com meu próximo que construo o meu "eu" como ser humano. São essas as situações em que consigo estabelecer uma comunicação, um diálogo, uma reciprocidade, fatores que conduzem a uma verdadeira filosofia, uma sabedoria de amor e de bondade.

De um ponto de vista teórico, a violência pode ser exercida pelo homem sem limites, mas essa ainda é uma visão abstrata que pode ou não ser concretizada. Além dos fatores técnicos, precisamos avaliar os fatores humanos, éticos, sociais e psicológicos do indivíduo que escolhe a violência. De acordo com Muller (2007, p. 156), "Se este ou aquele indivíduo recorre à violência contra um outro, é necessário que o governo intervenha para restabelecer a segurança pública e a paz social".

É necessário que seja desenvolvida uma Cultura da Não Violência nos cidadãos, educando as crianças para ela. E essa educação consiste em apresentar o quanto a busca pela não agressão é importante.

2.5 Tipos de violência

Praticar a Cultura da Não Violência significa não causar danos ou prejuízos, agir de maneira firme e coesa, lutar e defender seus direitos sem violar os direitos dos outros. É rejeitar a violência em todas as suas formas, como a **violência psicológica**, a **física**, a **social**, a **sexual** etc. Para isso é preciso saber identificar a ocorrência dessas violências.

A **violência psicológica** é aquela que não envolve agressões físicas. Quando uma criança sofre *bullying* na escola, por exemplo, quando alguém é sucessivamente xingado ou tem suas habilidades desacreditadas. Pessoas que são chamadas de loucas, burras, gordas, magras, insanas etc. Todas essas são maneiras de exercer a violência psicológica.

Apesar de ser de difícil comprovação, essa violência gera efeitos sérios em quem a sofre, podendo causar distúrbios mentais que só melhoram com tratamentos específicos. Além disso, ela pode desencadear outro tipo de violência, a **física**. Esta, como o nome já diz, trata-se de atos violentos desferidos contra o corpo físico de outrem, em brigas que envolvam tapas, chutes, empurrões e demais formas de agressão. Esse tipo é o mais fácil de ser comprovado e identificado. Consequentemente, é aquele com mais chances de gerar punições a quem o comete.

A **violência social** é relacionada a difamações referentes a preconceitos raciais ou de classe, por exemplo. É muito comum que se confunda com a violência psicológica e até que uma derive desta. Entretanto, é importante ressaltar que são situações distintas.

A **violência sexual** é, infelizmente, uma das com maiores índices no Brasil. É realizada principalmente contra mulheres e pode envolver todos os outros tipos de violência; a diferença é que ela é motivada pelo gênero do indivíduo. Não necessariamente todas as vítimas são mulheres, havendo diversos casos de violência contra homens, homossexuais e transgêneros.

2.6 Ação não violenta

A dificuldade de as pessoas perceberem a importância do conceito da **ação não violenta** está ligada ao fato de que elas estão habituadas ao confronto. Em meio aos combates, elas utilizam meios violentos como se estivessem amparadas com armas de modo equilibrado ou igual. Porém, quando uma das partes se nega a utilizar meios violentos, a luta parece extremamente desigual. E quando há desequilíbrio, automaticamente se define o lado que sairá como vencedor.

Só conseguimos imaginar um combate se ambas as partes estiverem equipadas igualmente. Qualquer assimetria nas armas é entendida como desequilíbrio, desvantagem. A história de Gandhi é a comprovação disso.

O conceito da **ação não violenta** trata da assimetria entre as partes e os meios que elas escolhem. Aquela que escolhe a Não Violência parece estar totalmente em desequilíbrio, aparentando estar desarmada diante daquela que escolheu os meios violentos.

2.7 Não Violência como estilo de vida

No 50º Dia Mundial da Paz, em 1º de janeiro de 2017, o Papa Francisco fez uma reflexão a respeito da Não Violência. Em seu discurso, ele pediu para que homens, mulheres, meninos e meninas, católicos ou não, fizessem da Não Violência seu estilo de vida, pois a paz é a única e a verdadeira linha do progresso humano (Papa Francisco, 2017). Para o Papa, o sentido da paz se baseia na verdade, na justiça, na liberdade e no amor, por isso a importância da busca por uma Cultura da Não Violência, por uma política de paz que inspire em todos sentimentos bons, valores e caridade.

A Não Violência precisa estar nas decisões, nos relacionamentos, no trabalho e na rotina como um todo. Cultivar esse estilo de vida é o princípio fundamental para que as pessoas entendam e comecem a praticar a solidariedade, a tolerância e o respeito, para que se sintam conectadas umas às outras. É preciso manter essa prática, esse olhar mais atento ao próximo, esse cuidado, essa preocupação com o mundo atual, tendo como objetivo a progressão na caminhada em direção à Cultura da Não Violência.

Melhorar a maneira como nos comunicamos, começar a olhar o mundo com outras lentes, aprender a lidar com as frustrações, os medos e as inseguranças, respeitar e valorizar as diferenças de pensamento, idade, cultura e religião dos outros: esses são exemplos de pequenas atitudes que levam à prática de uma Cultura da Não Violência.

2.8 Cultura de Paz

A Cultura de Paz é uma compreensão sistêmica e estrutural do que acontece na sociedade, estabelecida em causalidades complexas e interdependentes. Quando se compreende esse fenômeno, é possível que mudanças de percepção aconteçam. Essa é a base para a troca dos paradigmas e será a base necessária para modificar as situações (Pelizzoli, 2015).
Nesse sentido, Brasil (2010b, p. 13) expõe que

> O conceito de cultura de paz parte do princípio de que a violência não é inerente à humanidade, nem a paz. A paz precisa ser ensinada, aprendida e estimulada. Juntos, podemos transformar a cultura de guerra e violência em uma cultura de paz. Nesse processo de mudança, cada um pode dar a sua contribuição para dar aos jovens e às gerações futuras valores que os ajudem a forjar um mundo mais digno e harmonioso, um mundo de justiça, solidariedade, liberdade e prosperidade.

Com o foco no resgate social dos danos provocados pela violência, na reconstrução da cultura e das relações sociais, a Cultura de Paz busca a humanização e a efetivação da justiça. Essa busca é refletida na reconexão pacífica de todos os envolvidos no conflito por meio do diálogo, para que ocorra um compartilhamento dos valores entre os participantes visando à reparação dos danos causados.

A respeito disso, temos a seguinte fala de Brancher (2014, p. 12):

> A missão da Justiça é promover a pacificação social. Seja no âmbito judicial, na escola, na família ou na comunidade, temos feito isso usando certos mecanismos que se repetem. Culpa, perseguição e castigo são respostas automáticas, fazem parte da nossa cultura. Mas precisamos reconhecer que não vamos promover a paz repetindo estratégias que trazem hostilidade, vingança e violência incorporadas no seu DNA. Precisamos parar e refletir antes de continuar agindo assim. A cada vez que fizermos isso, estaremos dando uma chance verdadeira para a construção da paz.

Uma alternativa para inserir a Cultura de Paz na sociedade é o diálogo, uma maneira de externalizar as emoções expressas nas relações sociais. Palavras são vividas e trazem uma nova consciência a respeito do ato conflitivo e lesivo e de suas consequências.

A implantação de uma Cultura de Paz é de extrema importância para que todos passem a perceber essa necessidade. As sanções que existem, impostas pelo Estado, não atendem mais às carências existentes, pois, diante de tantos atos de crime, violência e conflitos, a população não sabe mais como agir e como se defender. A Cultura de Paz aparece justamente para mudar esse cenário com base em diálogos que aproximam e facilitam ações que beneficiem e empoderem a todos.

2.9 Cultura de Paz restaurativa

A Cultura de Paz restaurativa resgata e reproduz o mundo sociável, pois é quando se está nesse cenário que aparecem os valores fundamentais. Por exemplo, o que é importante para um indivíduo, o que se deseja socialmente e como as pessoas se conectam com sua humanidade (Pelizzoli, 2015). Assim, ele começa a reproduzir tais fundamentos: o sujeito se observa em situações parecidas com as dos outros, com desafios similares aos de seus familiares.

Essa pessoa é desafiada a se conectar com esses valores e não pretende cometer atos de violência. Então, buscará se expressar, entender e enxergar o que antes não via, tendo um olhar mais atento à dor e à responsabilização vindas de outras pessoas. Dessa maneira, os atos conflitivos e violentos podem ser percebidos como inadequados, quando suas necessidades são levadas em conta.

Muitas vezes, o mundo é visto como violento, e as pessoas acham normal que seja assim. Estamos falando de uma desconexão da realidade social, na qual o indivíduo não consegue ver o outro e a si mesmo em um plano humano. Essa dificuldade de conexão é ainda mais concreta quando o sujeito está diante de um ato grave, como um crime. A vítima, geralmente, considera o agressor como alguém muito distante de si, não sendo capaz de reconhecer qualquer semelhança com ele.

Nesse caso, a Cultura de Paz pode ser implementada por meio de práticas restaurativas que promovam a conexão. Diante do dano, causador e sofredor podem apresentar suas necessidades e identificar sentimentos e emoções comuns, descobrindo semelhanças e construindo em conjunto a restauração da lesão por meio da responsabilização. A conexão com a própria humanidade é essencial para o agressor e para a vítima, pois é necessário olhar para o próximo, entender o contexto em que ele vive, além de suas oportunidades e escolhas de vida, gerando interconexão e cura.

Massa (2009b) afirma que

> Educação, sustentabilidade e justiça são as bases para a construção de uma relação integrada entre as dimensões social, econômica, cultural, ambiental e política. Assim, fundamentada em uma educação para o desenvolvimento sustentável surgiu a ecopedagogia. O termo está relacionado à pedagogia da Terra, baseada na Carta da Terra, uma declaração de princípios éticos fundamentais para a construção de uma sociedade global justa, sustentável e pacífica, que motive todos os indivíduos, independente de raça, etnia ou cultura, a um novo sentido de interdependência global e responsabilidade compartilhada, visando o bem-estar de toda a comunidade que habita o planeta e as futuras gerações.

A Cultura de Paz, para Mayor ([S.d.]), está ligada ao respeito pelos direitos humanos. É a busca da mudança da cultura de guerra (pela existência de violência, discriminação e imposição), para uma cultura de paz e de segurança, promovendo vínculo entre as nações com ciência, cultura e educação e visando ao respeito universal à justiça, aos direitos humanos e às liberdades fundamentais.
Partindo do mesmo entendimento de Massa (2009a), Mayor ([S.d.]) dispõe que "Não pode haver paz sustentável sem desenvolvimento sustentável. Não pode haver desenvolvimento sem educação ao longo da vida. Não pode haver desenvolvimento sem democracia".

2.10 Educação para a paz

Nessa perspectiva, a construção da Cultura de Paz exige uma postura ativa, não podendo ser limitada a uma cidadania passiva. Sua criação pressupõe respeito pelos direitos humanos, pela igualdade social, pela igualdade de identidade, pelas diferenças culturais (Candau, 1995). Educar para a paz é andar de olhos abertos e enfrentar a realidade, por mais difícil e cruel que seja, compreendendo os mecanismos que perduram em relação à desigualdade e à produção de violência.

A paz não pode ser construída de maneira isolada. É indispensável que se tenha ao lado dela a **justiça** e a **solidariedade**. Assim, esses três elementos constituem o caminho a ser alcançado. A paz é uma aspiração humana profunda, um modo de viver, de enfrentar os conflitos, os problemas, uma maneira de lutar pelos direitos de forma não violenta. A paz é a responsabilidade de todos.

Construir uma Cultura de Paz ativamente significa adotar novos meios de se relacionar, baseando-se em determinados princípios e valores, comportamentos e atitudes. Reconhecer a importância do coletivo e considerar que as ações humanas afetam os outros, entendendo e cuidando dessas ações (Brasil, 2010b).

Nesse contexto, algumas atitudes podem contribuir e fomentar a prevenção da violência, observando os aspectos da Cultura de Paz e, com base nisso, buscar uma desvalorização da violência, como olhar para a diversidade de maneira positiva e ver que ela é necessária para estabelecer as relações humanas, baseadas na capacidade de se interessar pelo outro, na cooperação e na preocupação pelo próximo e procurar fortalecer a construção de identidades, estimular as pessoas a desenvolverem projetos de vida.

Síntese

Neste capítulo, vimos a Cultura da Não Violência e a Cultura de Paz. Para isso, traçamos um breve retorno histórico da violência, o que possibilitou que enxergássemos que ela está presente em toda a história humana, sendo essa uma possível razão para que sua extinção seja tão difícil.

Analisamos que a violência pode ser dividida em três espécies e que pode aparecer em diferentes formas. Quanto à Não Violência, muito de sua filosofia advém do Budismo. Observamos dois exemplos históricos de aplicação da Cultura da Não Violência, Gandhi e Martin Luther King Jr., e ainda mostramos um pedido do Papa Francisco para que a Cultura de Paz seja verdadeiramente instaurada.

Debatemos sobre o conceito de ação não violenta e examinamos algumas práticas de inserção da Cultura de Paz e da Cultura da Não Violência no dia a dia. Vimos que a principal maneira de promover essas boas ações é com diálogo e que é necessário que a educação se transforme de forma a abordar essas questões com ideais de justiça e de solidariedade.

Por fim, verificamos que a Cultura de Paz pode ser restaurativa, no sentido de agir retroativamente em casos de indivíduos que tenham cometido falhas graves. Após cometerem o ato criminoso, eles podem se sentir estimulados a buscar a paz, de modo a restaurar sua humanidade e suas percepções compatíveis com o convívio social. Para isso, é necessário apenas que haja uma conexão real com sua própria humanidade.

Para saber mais

Filmes

UMA FORÇA mais poderosa. Direção: Steve York: Santa Monica Pictures, 2011. 76 min.

Explora uma das mais importantes e menos compreendidas histórias do século XX: como o poder da Não Violência se sobrepôs à opressão e ao autoritarismo em todo o mundo. A primeira parte mostra os segmentos da Índia, de Nashville (EUA) e da África do Sul.

COMO iniciar uma revolução. Direção: Ruaridh Arrow. Estados Unidos, 2011. 126 min.

Conta a história de Gene Sharp, ganhador do Nobel da Paz e o maior líder mundial em revolução não violenta. O filme mostra como o trabalho dele forneceu armas a novas gerações revolucionárias que precisavam depor ditadores.

GANDHI. Direção: Richard Attenborough. Estados Unidos; Índia; Reino Unido, 1982. 188 min.

O caráter de Gandhi é completamente explicado como o de um homem de Não Violência. Com sua paciência, ele foi capaz de tirar a Grã-Bretanha de seu país. A natureza teimosa de Jinnah e seu comprometimento com o Paquistão também aparecem.

SELMA: uma luta pela liberdade. Direção: Ava DuVernay. Reino Unido; Estados Unidos: Disney; Buena Vista, 2015. 128 min.

Uma crônica da campanha de Martin Luther King Jr. para assegurar o direito ao voto das pessoas negras nos Estados Unidos com uma marcha épica da cidade de Selma até Montgomery, no Alabama, em 1965.

Livros

KARNAL, L.; COEN, M. **O inferno somos nós**: do ódio à cultura de paz. Campinas: Papirus 7 Mares, 2018.

Os autores tratam a trajetória da violência à Não Violência, colocando o ódio e o medo na origem do percurso e indicando o autoconhecimento e a compaixão como um caminho adequado e possível para se chegar à paz.

KURLANSKY, M. **Não Violência**. Rio de Janeiro: Objetiva, 2013.

A obra aborda o tema da Não Violência com fatos históricos como as guerras e abordados movimentos de cooperação e parceria, a exemplo da Organização das Nações Unidas (ONU) e da União Europeia (UE).

ROSENBERG, M. B. **Comunicação não-violenta**: técnicas para aprimorar relacionamentos pessoais e profissionais. São Paulo: Ágora, 2006.

Trata-se da principal obra acerca da metodologia criada pelo autor, apresentando uma forma autêntica de se comunicar com base na compaixão e no cuidado das relações.

VON, C. **Cultura de paz**: o que os indivíduos, grupos, escolas e organizações podem fazer pela paz no mundo. 2. ed. São Paulo: Peirópolis, 2017.

Esse livro retoma as reflexões teóricas e práticas sobre princípios que garantem a dignidade humana, levando em conta o respeito às diferenças, a superação das situações de exclusão, a tolerância e a solidariedade entre os povos, a rejeição à violência, a preservação do planeta e o diálogo como instrumento de negociação, propondo ferramentas para sua aplicação nas escolas, nas empresas e na sociedade civil.

Vídeos

A HISTÓRIA da Não Violência: parte 1/5. 2007. Disponível em: <https://www.youtube.com/watch?v=pWbzlcRpDPg&list=PLDE756DA156F1C95F>. Acesso em: 5 mar. 2020.

A HISTÓRIA da Não Violência: parte 2/5. 2007. Disponível em: <https://www.youtube.com/watch?v=VPJUWl8S5K8&index=2&list=PLDE756DA156F1C95F>. Acesso em: 5 mar. 2020.

A HISTÓRIA da Não Violência: parte 3/5. 2007. Disponível em: <https://www.youtube.com/watch?v=k5gtz4Nugpo&list=PLDE756DA156F1C95F&index=3>. Acesso em: 5 mar. 2020

A HISTÓRIA da Não Violência: parte 4/5. 2007. Disponível em: <https://www.youtube.com/watch?v=YzAq8lF4X_I&index=4&list=PLDE756DA156F1C95F>. Acesso em 5 mar. 2020.

A HISTÓRIA da Não Violência: parte 5/5. 2007. Disponível em: <https://www.youtube.com/watch?v=yrbeuHIGqoA&list=PLDE756DA156F1C95F&index=5>. Acesso em: 5 mar. 2020.

BOM para todos: saiba o que é a cultura da paz. Rede TVT, 26 jul. 2017. Disponível em: <https://www.youtube.com/watch?v=NspgCjtbrVE>. Acesso em: 5 mar. 2020.

JULIA Bacha: prestem atenção à não-violência. Tradução de Lisangelo Berti. TED, July 2011. Disponível em: <https://www.ted.com/talks/julia_bacha/transcript?language=pt-br>. Acesso em: 5 mar. 2020.

Questões para revisão

1. Você consegue identificar atos de violência em seu cotidiano? Descreva três comportamentos praticados ou sofridos por você que representem atos violentos, identificando a quais espécies eles pertencem.

2. Proponha uma solução não violenta que teria resolvido um conflito no qual você foi o agressor ou a vítima.

3. Responda às questões a seguir baseadas nos parâmetros para a análise da Cultura da Não Violência:

   a) Conduta – Eu trato os outros como quero ser tratado?
   b) Coerência – Eu costumo agir conforme aquilo que penso ser melhor para minha vida? Em relação aos que estão a minha volta, como costumo agir?
   c) Atitude – Eu recuso ou denuncio quando a violência se manifesta a meu redor? Eu colaboro com as diferentes formas de violência?

4. Correlacione as formas de violência com seus exemplos:
   I) Psicológica
   II) Física
   III) Social
   IV) Sexual

   ( ) Preconceito racial
   ( ) Tapas e empurrões
   ( ) Agressão à comunidade LGBT
   ( ) *Bullying*

   Assinale a alternativa que apresenta a sequência correta:
   a) III, I, IV, II.
   b) II, IV, I, III.
   c) I, II, IV, III.
   d) III, II, IV, I.
   e) IV, II, III, I.

5. Quais atitudes ajudam a promover a Cultura de Paz?

   a) Diálogo, alteridade, educação e compreensão.
   b) Violência, alteridade, compreensão e paciência.
   c) Conflito, educação e paciência.
   d) Compreensão, paciência, violência e educação.
   e) Educação, diálogo, conflito e alteridade.

CAPÍTULO 3

Conceito de comunicação e comunicação não violenta

Conteúdos do capítulo:

- Princípios básicos da comunicação.
- Axiomas da pragmática da comunicação interpessoal.
- Fundamentos da comunicação não-violenta.
- Princípios básicos de compaixão e empatia.

Após o estudo deste capítulo, você será capaz de:

1. identificar as áreas da comunicação;
2. compreender os axiomas pragmáticos da comunicação;
3. reconhecer os princípios da comunicação não-violenta;
4. desenvolver uma comunicação empática e que favoreça a compaixão.

3.1 Comunicação

A melhor parte da comunicação é que ela é intrínseca a todos os seres humanos, que não se comunicam apenas verbalmente, mas também com suas ações no mundo. Para Watzlawick, Beavin e Jackson (2007, p. 13), é perceptível

> que a comunicação é uma condição *sine qua non* da vida humana e da ordem social. É igualmente óbvio que, desde o início da sua existência, um ser humano está envolvido no complexo processo de aquisição das regras de comunicação, apenas com uma noção mínima daquilo em que consiste esse corpo de regras, esse *calculus* da comunicação humana.

De acordo com os autores, o estudo da comunicação humana pode ser subdividido em três áreas:

1. sintaxe (disposição);
2. semântica (significação);
3. pragmática (comportamento).

Essas definições foram estabelecidas por Morris e Carnap, citados por Watzlawick, Beavin e Jackson (2007) para compor o estudo da semiótica, que é a teoria geral dos sinais e da linguagem. A **sintaxe** compreende todos os problemas de transmissão das informações, sendo o domínio principal da teoria da informação. Nessa área, são abordados problemas de código, canais e ruídos de comunicação; enfim, coisas que são primariamente sintáticas. Os significados dos símbolos das mensagens não interessam ao teórico da informação, mas sim à semântica. Para que seja possível transmiti-los, é necessário que o emissor e o receptor da mensagem concordem com o significado dela, o que envolve um compartilhamento sintático e a transmissão com exatidão sintática. Nesse sentido, toda informação compartilhada ocorre com base em uma convenção **semântica**.

A comunicação também afeta o **comportamento** em seu aspecto pragmático. Certos padrões de comportamento e de interação humana são decorrentes do processo de comunicação e permitem o entendimento de como os indivíduos se estruturam em suas relações, sua forma de aprendizado e suas mudanças, além de prover meios para contornar problemas que possam surgir nos processos de comunicação.

A Escola de Palo Alto, uma corrente de pensamento e pesquisa, concentra-se nos estudos para a compreensão do fenômeno da comunicação, dando ênfase a um entendimento pragmático com a intenção de encontrar padrões do comportamento que dão sentido à comunicação e a moldam e a definem.

No *Novo dicionário Aurélio da língua portuguesa* (Ferreira, 2004, p. 512-513) o conceito de comunicação é apresentado como

1. Ato ou efeito de comunicar.

2. Ato ou efeito de emitir, transmitir e receber mensagem por meio de métodos e/ou processos convencionados, quer através da linguagem falada ou escrita, quer de outros sinais, signos ou símbolos, quer de aparelhamento técnico especializado, sonoro e/ou visual.

3. Ação de utilizar os meios necessários para realizar tal comunicação.

4. A mensagem recebida por esses meios.

5. O conjunto de conhecimentos relativos à comunicação ou que tem implicações com ela, ministrado nas respectivas faculdades.

6. A capacidade de trocar ou discutir ideias, de dialogar, de conversar, com vista ao bom entendimento entre pessoas.

Assim, a comunicação é entendida como um ato de troca de informações entre um emissor e um receptor, o que não necessariamente implica a compreensão da mensagem, mas sim sua transmissão.

3.2 Axiomática da pragmática da comunicação interpessoal

A Escola de Palo Alto criou sua própria teoria, conhecida como **teoria orquestral da comunicação humana**, que é o básico da comunicação: o pôr em comum e o estar em relação. Essa definição compreende a comunicação humana como um sistema de múltiplos canais em que o ator principal tem de participar a todo instante, querendo ou não.

Após pesquisas explorando as cadeias da comunicação por meio de dois ou mais comunicantes, Watzlawick, Beavin e Jackson (2007) chegaram a resultados que são da mesma natureza dos axiomas e dos teoremas de cálculos, pois notaram que o comportamento de um indivíduo comunicante, não importando sua origem e o motivo, gera uma reação em outro indivíduo e exclui outros comportamentos, já que "existe um cálculo ainda não interpretado da pragmática da comunicação humana cujas regras são observadas na comunicação bem sucedida e violadas na comunicação desordenada" (Watzlawick; Beavin; Jackson, 2007, p. 38).

Assim, foi possível construir a **axiomática da pragmática da comunicação interpessoal**. Podemos entender como **axiomas** as proposições evidentes e existentes que se constituem em enunciações e definem a pragmática da comunicação humana, utilizados para sustentar o raciocínio que se apresenta.

O primeiro axioma é a **impossibilidade de não comunicar**, que parte do pressuposto de que todo comportamento tem valor de mensagem em uma relação de interação, sendo impossível não se comunicar. Segundo Watzlawick, Beavin e Jackson (2007, p. 44, grifo do original),

> o comportamento não tem oposto. Por outras palavras, não existe um não-comportamento ou, ainda em termos mais simples, um indivíduo não pode **não** se comportar. Ora, se está aceito que todo o comportamento, numa situação interacional, tem valor de mensagem,

isto é, é comunicação, segue-se que, por muito que o indivíduo se esforce, é-lhe impossível **não** comunicar. Atividade ou inatividade, palavras ou silêncio, tudo possui um valor de mensagem; influenciam outros e estes outros, por sua vez, não podem **não** responder a essas comunicações e, portanto, também estão comunicando.

O ser humano não tem a opção de não se comunicar. Todo comportamento em uma situação interacional é tido como uma maneira de se expressar e de se comunicar. Mesmo que o indivíduo se esforce, é impossível que não se comunique de algum modo. Seus movimentos e sua inércia, suas palavras ou seu silêncio, tudo tem uma mensagem por trás.

> O homem que num congestionado balcão de lanchonete olha diretamente em frente ou o passageiro de avião que se senta de olhos fechados estão ambos comunicando que não querem falar a ninguém nem que falem com eles; e, usualmente, os seus vizinhos "recebem a mensagem" e respondem adequadamente, deixando-os sozinhos. Isto, obviamente, é tanto um intercâmbio de comunicação como a mais animada das discussões. (Watzlawick; Beavin; Jackson, 2007, p. 45)

O segundo axioma é **o conteúdo e os níveis de relação da comunicação**, quando a comunicação está relacionada com um compromisso, definindo a relação. A maneira como nos comunicamos não transmite somente informação, mas também pode impor certo comportamento. Sendo assim, Watzlawick, Beavin e Jackson (2007, p. 47-48, grifo do original) dispõem que

> O aspecto "relato" de uma mensagem transmite informação e, portanto, é sinônimo, na comunicação humana, do **conteúdo** da mensagem. Pode ser sobre qualquer coisa que é comunicável, independentemente de essa informação particular ser verdadeira ou falsa, válida, inválida ou indeterminável. O aspecto "ordem", por outro lado, refere-se à espécie de mensagem e como deve ser considerada; portanto, em última instância, refere-se às **relações** entre os comunicantes.

Para os autores, é por meio da interação social que se podem construir as relações que se distinguem para a aceitação da igualdade. Assim, todos trabalham para um bem comum.
O terceiro axioma é a **pontuação da sequência de eventos**. Uma característica a respeito da comunicação está ligada à interação, à troca de mensagens entre o emissor e o receptor. Segundo Watzlawick, Beavin e Jackson (2007, p. 51),

> Culturalmente, compartilhamos de muitas convenções de pontuação que, embora não mais nem menos rigorosas do que outras concepções dos mesmos eventos, servem para organizar comuns e importantes sequências de interação. Por exemplo, a uma pessoa que se comporta de certa maneira num grupo chamamos-lhe de "líder" e a uma outra de "adepto", se bem que, se refletirmos, seja difícil dizer quem chegou primeiro ou onde estaria um sem o outro.

Toda divergência está ligada às incontáveis lutas existentes nas relações. Assim, esse axioma metacomunicacional envolve a natureza das relações e está na possibilidade dessas pontuações e de suas sequências comunicacionais entre todos os comunicantes.
O quarto axioma é a **comunicação digital e analógica**. Watzlawick, Beavin e Jackson (2007, p. 58) explicam que o ser humano "é o único organismo conhecido que usa os modos analógico e digital de comunicação. A significação disso ainda é muito inadequadamente incompreendida, mas não pode ser subestimada. Por um lado, não é possível duvidar de que o homem comunica digitalmente". Quando partimos do pressuposto de que em toda comunicação existe um conteúdo e uma relação, é possível concluir que esses dois modos de se comunicar, tanto a forma digital quanto a analógica, existem lado a lado e se complementam.
Assim, o homem, em suas necessidades para combinar essas duas linguagens, como emissor ou receptor da mensagem, deve se atentar para traduzir constantemente uma para a outra, mesmo que isso implique a perda de parte da informação. O importante é se comunicar da forma mais clara possível. O fato é que os seres humanos se comunicam de modo digital (que é uma sintaxe lógica) e analógico (que compreende a semântica).

3.3 Dificuldades de comunicação

Segundo Bohm (2005), diante de tanta insatisfação pela maneira superficial como as pessoas se comunicam, tem havido um crescente sentimento de preocupação, cujo objetivo é justamente resolver esse problema de comunicação. O autor indica que

> Quando nos reunimos para conversar ou para fazer outras coisas juntos, será que cada um de nós está atento ao receio sutil e às sensações de prazer que "bloqueiam" nossa capacidade de ouvir com liberdade? Sem essa atenção, o empenho para ouvir a totalidade do que é dito terá pouco significado. Mas se cada um de nós puder dar atenção ao fato de que está "bloqueando" a comunicação, enquanto ao mesmo tempo parece atento ao conteúdo do que é comunicado, será capaz de criar alguma coisa nova entre nós, algo muito importante para pôr fim aos atuais problemas insolúveis do indivíduo e da sociedade. (Bohm, 2005, p. 32)

Por que o diálogo é tão importante na vida do ser humano? Segundo Bohm (2005), as pessoas têm dificuldades para se comunicar em grupos grandes e pequenos. E por que isso acontece? Para o autor, todos têm pressupostos e opiniões de como enxergam a vida, seus interesses, suas religiões etc. A partir do momento em que esses pontos são atacados, os interessados passam a defendê-los de maneira extremamente emocional. Muitas vezes, é na defesa desses pressupostos que surgem os conflitos.

Podemos chamar tais hipóteses de *opiniões*, afinal uma opinião é uma pressuposição a respeito de algo. A questão que envolve o diálogo precisa estar em todas elas e é preciso penetrar no processo do pensamento que se encontra atrás de nossos pressupostos, e não apenas neles. É importante perceber que nossas opiniões são resultantes de nossos pensamentos, de nossas experiências, e tudo isso fica registrado em nossa memória. Podemos nos identificar, reagir e defender essas opiniões, mas, para Bohm (2005), isso não faz sentido, pois é como se estivéssemos em constante ataque.

O propósito do diálogo é exatamente percorrer todo nosso pensamento e fazer mudanças. Em um diálogo, surgem diversos modos de se pensar, relacionados à questão da cultura, na qual há um número grande de pressupostos e opiniões. Se defendermos nossas opiniões a todo momento, não seremos capazes de dialogar com o outro, o que, na prática, fazemos inconscientemente várias vezes. Podemos dizer que o pensamento do homem de nossa sociedade é incoerente, e, de acordo com Bohm (2005), "se espalha por todas as direções junto com ideias conflitivas, que se anulam umas às outras. Mas, se as pessoas pensassem juntas e de uma maneira coerente, esse pensamento teria um poder imenso".

O diálogo pressupõe espaço para o conhecimento a respeito da ideia do outro e não é sempre um modo de entretenimento nem mesmo sua utilidade é visível a todo momento; muitas vezes, quando ele se torna difícil, as pessoas tendem a descartá-lo, o que não deveria ser uma alternativa. Bohm (2005) indica que devemos continuar, que é importante manter o diálogo mesmo nos momentos mais difíceis e frustrantes.

3.4 Comunicação não-violenta

A comunicação não-violenta é uma técnica que sugere possibilidades de mudança no modo como encaramos e organizamos as relações humanas. Trata-se de uma pesquisa constante, que orienta para que possamos fortalecer nossas conexões e criar em nosso dia a dia um ambiente mais humano. É um processo conhecido por sua capacidade de transmitir compaixão e solidariedade ao próximo. Todos os elementos dessa técnica não configuram novidade, pois já vêm sendo ensinados há séculos por facilitadores, mediadores e voluntários em todo o mundo (Rosenberg, 2006).

Desenvolvida pelo PhD em Psicologia Clínica e fundador do Centro Internacional de Comunicação não-violenta, Marshall B. Rosenberg, a comunicação não-violenta surge da comprovação de que a crescente violência na qual estamos inseridos é o reflexo de nossas ações e relações, que estão cada vez mais distantes de nossos valores. Essa metodologia foi utilizada inicialmente em projetos federais do governo estadunidense, a fim de incorporar de maneira pacífica escolas e instituições públicas durante os anos 1960. Ao longo dos últimos 50 anos, Rosenberg e sua equipe elaboraram sistemas de apoio à vida nas relações intra e interpessoais, representados por professores, dirigentes escolares, gerentes e diretores de empresas, policiais, profissionais de saúde, mediadores, líderes religiosos e autoridades governamentais em mais de 50 países.

É por conta de determinadas características que o trabalho de Rosenberg (2006) revela como a cultura predominante, referente à maneira como nos comunicamos com os outros, leva-nos em certos momentos, a entrar em conflito com familiares, colegas e pessoas com opiniões e culturas diferentes das nossas. Acima de tudo, o método da comunicação não-violenta oferece alternativas claras e práticas para entendermos os confrontos existentes.

A comunicação não-violenta vem sendo utilizada por um crescente número de pessoas que desejam agir de maneira eficaz e prática em favor da paz, podendo ser aplicada em escolas e instituições, grupos e organizações, relações interpessoais e extrainstitucionais, sendo também reconhecida como uma metodologia de autoconhecimento. Para adentrar o método, é preciso suspender os julgamentos e crescer com as experiências que são transmitidas da compaixão e da colaboração; é um modo de nos conectarmos mais amorosamente com o outro.

Essas situações são entendidas como opostas à intolerância, que é uma grande geradora da violência. Um dos primeiros instrumentos da transformação social é justamente a transformação individual, em suas habilidades de reconhecer e expressar emoções e sentimentos. A comunicação não-violenta possibilita observar as necessidades e os sentimentos que estão por trás de uma conversa. O que o outro quer verdadeiramente quando expõe pedidos, ordens ou imposições?

Na comunicação não-violenta, não é definido quem está certo ou errado, pois se trata de um processo profundo de escuta e de entendimento que exige das partes uma real entrega, para que estejam realmente presentes umas para as outras na conversa. Além de estarem conectadas, elas devem de maneira clara descobrir as intenções, as necessidades e os sentimentos por trás de todas as palavras ditas.

Não estamos falando de um método fechado, mas inspirador, que envolve circunstâncias pessoais e culturas diferentes, pois cada pessoa e cada situação têm suas peculiaridades. E assim agimos para atender aos valores e às necessidades básicas, com a consciência de que essa descoberta fornece uma troca com o outro. Passamos a enxergar todo o contexto relacionado às atitudes do outro e de nós mesmos, independentemente de como essas atitudes são transmitidas (Rosenberg, 2006). Para atingirmos esse estágio de consciência de nossa comunicação, é necessário nos atentarmos aos quatro componentes que Rosenberg (2006) apresenta da comunicação não-violenta:

1. A **Observação**: Para começar é necessário que afastemos nossas avaliações da nossa observação, pois quando avaliamos o que estamos ouvindo ou o que estamos vendo, podemos ser influenciados. Agora, quando apenas observamos a situação em si, como ela realmente é, sem colocar nosso juízo de valor, aproveitamos ao máximo o que nos é passado.
2. O **Sentimento**: Neste segundo momento precisamos identificar qual o sentimento nos foi causado em relação à mensagem que escutamos. Ela nos despertou raiva, mágoa, tristeza, paz, amor ou alegria? E para que os conflitos sejam evitados Rosenberg nos sugere que o nosso vocabulário seja aumentado. Quanto mais soubermos, mais qualidade iremos ter em nossas conversas.
3. As **Necessidades**: Logo em seguida a identificarmos nossos sentimentos, precisamos analisar as necessidades que surgiram e que estão ligadas aos sentimentos. Como eu recebi essa mensagem, como a compreendi? Ou como o outro recebeu minha mensagem como ele a compreendeu? Cada pessoa é responsável por suas escolhas, necessidades e expectativas.
Ex: Quando estamos conversando e a outra pessoa nos passa uma mensagem negativa, podemos culpar aos outros ou nos culpar.

Podemos transferir nossa culpa ao outro ou aceitar o que nos foi falado como uma ofensa pessoal.

Podemos também aceitar os nossos sentimentos e necessidades ou levar em conta os sentimentos e necessidades de quem emite a mensagem. Aqui estamos dando uma oportunidade de identificar nossos sentimentos, como também de compreender os sentimentos do outro.

4. **O Pedido**: Deve ser feito de forma direta e transparente. É neste momento que precisamos ser o mais claros possível. Ser objetivos e honestos referente ao que queremos, pois a forma como nos expressamos, nossa linguagem, vai ser de extrema importância para o entendimento do outro, para que não tenha dúvidas.

Desse modo, todas as críticas, os julgamentos pessoais e os rótulos, os atos de violência física, social ou verbal são reconhecidos como uma forte expressão das necessidades não atendidas. Nesse sentido, Rosenberg (2006, p. 21-22) expõe que

> A CNV se baseia em habilidades de linguagem e comunicação que fortalecem a capacidade de continuarmos humanos, mesmo em condições adversas. Ela não tem nada de novo: tudo que foi integrado à CNV já era conhecido havia séculos. O objetivo é nos lembrar do que já sabemos - de como nós, humanos, deveríamos nos relacionar uns com os outros - e nos ajudar a viver de modo que se manifeste concretamente esse conhecimento.
>
> A CNV nos ajuda a reformular a maneira pela qual nos expressamos e ouvimos os outros. Nossas palavras, em vez de serem reações repetitivas e automáticas, tornam-se respostas conscientes, firmemente baseadas na consciência do que estamos percebendo, sentindo e desejando. Somos levados a nos expressar com honestidade e clareza, ao mesmo tempo que damos aos outros uma atenção respeitosa e empática. Em toda troca, acabamos escutando nossas necessidades mais profundas e as dos outros. A CNV nos ensina a observarmos cuidadosamente (e sermos capazes de identificar) os comportamentos e as condições que estão nos afetando. Aprendemos a identificar e a articular claramente o que de fato desejamos em determinada situação. A forma é simples, mas profundamente transformadora.

Na medida em que modificamos nossos padrões de defesa quando nos sentimos atacados pelo outro, percebemos o quanto o método da comunicação não-violenta é importante nesse processo, para que possamos tornar nossa comunicação mais clara, objetiva, direta e menos agressiva, que minimize os julgamentos, a violência e o preconceito, dando lugar ao respeito, à empatia e à conexão com o outro. A comunicação não-violenta ensina a nos relacionarmos de modo mais amoroso e autêntico. É um processo de linguagem e de compaixão.

3.5 Comunicação que bloqueia a compaixão

O método da comunicação não-violenta ajuda as pessoas a se conectarem, aproxima os indivíduos no que há de mais humano em cada um, guiando em direção à transformação e modificando a maneira como se expressam e escutam o outro, fazendo que as pessoas consigam lidar com seus conflitos, pois eles são parte das relações humanas – o que não é parte é o conflito que causa dor e sofrimento (Rosenberg, 2006).

Os conflitos dolorosos são aqueles que envolvem juízos moralistas, que nos aprisionam em definições que não nos pertencem. Normalmente, são despertados nas comunicações que contribuem para o comportamento violento, fato que nos distancia do estado de compaixão. **Julgamentos** são impostos e podem repercutir de maneira negativa. Podemos identificá-lo, por exemplo, nas frases: "Eu já falei que seu problema é ser preguiçoso" ou "Você é egoísta demais". Quando associamos depreciação, rótulos, julgamentos ou culpa em nossas falas, fazemos julgamentos moralizadores referentes à situação e utilizamos uma comunicação alienante (Rosenberg, 2006).

Na maioria das vezes, a violência existe porque o indivíduo associa a causa de seus conflitos à ideia de **certo** ou de **errado**, geralmente indicando que o outro está errado e causando cada vez mais conflito. Isso demonstra a grande incapacidade de o indivíduo pensar sobre as necessidades dos outros, não conseguindo ver suas vulnerabilidades e entender o que a pessoa está passando ou sentindo.

Outra coisa que nos afasta de nosso estado de compaixão são as **comparações**, que também são um tipo de julgamento. O pensamento comparativo pode ser traiçoeiro. Quando fazemos comparações, passamos a nos sentir superiores ou inferiores ao outro, e são esses pensamentos que bloqueiam cada vez mais a compaixão pelos outros e por nós mesmos (Rosenberg, 2006).

Outro exemplo de comunicação alienante é a **negação de responsabilidades**, pois "Nossa linguagem obscurece a consciência da responsabilidade pessoal" (Rosenberg, 2006, p. 42). Isso confunde a consciência de que somos responsáveis pelo que sentimos, pensamos ou agimos. Não temos responsabilidade pessoal em linguagens como: "Você me faz sentir culpado" ou "Você vai fazer, quer queira, quer não". Esse tipo de diálogo facilita a negação de nossas responsabilidades por nossos pensamentos ou atos, e isso acontece muitas vezes quando atribuímos nossas negações a nossa condição psicológica ou pessoal, quando estamos sob pressão ou recebemos ordens ou agimos por impulsos (Rosenberg, 2006).

Outra maneira de comunicar que nos afasta da compaixão é quando **associamos nossos desejos como exigências**, requerendo algo do outro, em tom de ameaça, de maneira explícita ou implícita – e isso acontece muito em nossa cultura. Por isso, é importante ser humilde, visto que não podemos obrigar as pessoas a fazer o que não querem; não podemos obrigá-las a nada.

Infelizmente, crescemos utilizando linguagens que comparam, julgam e criam rótulos, pois esse é um modelo de comunicação utilizado há séculos. A **comunicação alienante está pautada na dominação e na hierarquia**. Contudo, é parte do ser humano ter compaixão pelo outro, e é isso que a comunicação não-violenta propõe: que possamos aflorar nossa proximidade com as pessoas e modifiquemos nossa escuta. Saber ouvir o outro é muito importante, é estar presente no momento em que ele fala, é oferecer empatia (Rosenberg, 2006).

3.6 Poder da empatia: a arte de se colocar no lugar do outro

Muitas pessoas assemelham **empatia** com bondade, afeto e atenção ao próximo. De fato, a empatia tem o poder de transformar e mudar nossas atitudes, é uma revolução nas relações humanas, quando compreendemos de maneira respeitosa o que se passa na vida do próximo. É quando nos desprendemos de toda forma de julgamentos e passamos a dar atenção às necessidades do outro. A peça principal da empatia é a **presença**. Precisamos estar totalmente presentes com a outra parte e com aquilo que ela está nos passando, em uma preocupação com seu sofrimento. Krznaric (2015, p. 15) ensina a desenvolver seis hábitos para nos tornarmos mais empáticos, indicando que precisamos trabalhar esses costumes da melhor maneira que pudermos:

> **Hábito 1: Acione seu cérebro empático** – Mudar nossas estruturas mentais para reconhecer que a empatia está no cerne da natureza humana e pode ser expandida ao longo de nossas vidas.
>
> **Hábito 2: Dê o salto imaginativo** – Fazer um esforço consciente para colocar-se no lugar de outras pessoas – inclusive no de nossos "inimigos" – para reconhecer sua humanidade, individualidade e perspectivas.
>
> **Hábito 3: Busque aventuras experienciais** – Explorar vidas e culturas diferentes das nossas por meio de imersão direta, viagem empática e cooperação social.
>
> **Hábito 4: Pratique a arte da conversação** – Incentivar a curiosidade por estranhos e a escuta radical, e tirar nossas máscaras emocionais.
>
> **Hábito 5: Viaje em sua poltrona** – Transportarmo-nos para as mentes de outras pessoas com a ajuda da arte, da literatura, do cinema e das redes sociais na internet.
>
> **Hábito 6: Inspire uma revolução** – Gerar empatia numa escala de massa para promover mudança social e estender nossas habilidades empáticas para abraçar a natureza.

Analisando as indicações, que a prática da empatia sequer depende da presença de outra pessoa, permitindo que esse exercício seja frequentemente realizado para que se torne, efetivamente, um hábito. Destacamos que é evidente que se colocar no lugar do outro, de modo literal, não é possível, simplesmente pelo fato de não sermos o outro, não termos a mesma origem, não vivemos sua história, mas isso não impede de nos conectarmos com suas perspectivas, seus interesses, suas emoções e suas pretensões. Desenvolver empatia é se permitir visitar o outro, conhecer sua situação sob a realidade e a percepção dele. Compartilhar não a história vivenciada pela outra pessoa, pois você não a viveu, mas sim se conectar à emoção sentida por ele.

Podemos concluir que a comunicação é a causa e a prevenção do conflito. Isso porque todo conflito resulta de um ruído na comunicação, não raras vezes ocorrido em razão de uma interlocução alienante ou julgadora, por exemplo. Ao mesmo tempo, uma comunicação adequada, não violenta, exercitada em um contexto de conexão entre as partes (presencial, não virtual), baseada na empatia e na compaixão, torna-se um poderoso instrumento de precaução do conflito ou até mesmo de sua resolução.

Síntese

Neste capítulo, analisamos a importância do desenvolvimento de boas práticas de comunicação para evitar o surgimento de conflitos dolorosos ou violentos. Para isso, passamos pelas três áreas da comunicação e esmiuçamos um pouco do significado dessa palavra. Em seguida, adentramos no universo das teorias da comunicação desenvolvidas pela Escola de Palo Alto, que estabeleceram cinco axiomas para a comunicação interpessoal.

Abordamos Rosemberg e a comunicação não-violenta, uma metodologia que reúne boas práticas de comunicação a fim de evitar conflitos violentos. Vimos, ainda, que duas importantes boas práticas são o exercício da empatia e o exercício da compaixão durante o diálogo.

Para saber mais

Filmes

COMPAIXÃO. Direção de Aaron J. March. Austrália: The Godot Company Films, 2010. 15 min. Documentário. Disponível em: <https://www.youtube.com/watch?v=sCdOoSVy6Ac>. Acesso em: 5 mar. 2020.

ESCRITORES da liberdade. Direção: Richard LaGravenese. Estados Unidos; Alemanha: Paramount Pictures, 2007. 123 min.
Uma jovem professora inspira seus alunos de alto risco a aprender tolerância e buscar uma educação além do ensino médio.

OS TEMPOS de Harvey Milk. Direção: Rob Epstein. Estados Unidos, 1984. Documentário. 90 min.
Um documentário sobre a carreira de sucesso e o assassinato do primeiro supervisor homossexual eleito na cidade de São Francisco, na Califórnia.

Livros

BROWN, B. **A coragem de ser imperfeito**: como aceitar a própria vulnerabilidade, vencer a vergonha e ousar ser quem você é. Rio de Janeiro: Sextante, 2016.
A autora, maior referência no estudo da vulnerabilidade, encoraja os leitores a olhar e a assumir suas imperfeições, trocando a vergonha pelo acolhimento.

GUGLIELMI, A. **A linguagem secreta do corpo**: a comunicação não verbal. Petrópolis: Vozes, 2009.
O livro oferece consciência corporal, analisando os movimentos e os comportamentos do corpo, como gestos, olhares e caminhadas, apresentando-os como meios de transmissão de mensagens.

KRZNARIC, R. **O poder da empatia**: a arte de se colocar no lugar do outro para transformar o mundo. Rio de Janeiro: Zahar, 2015.

A obra aborda a empatia como ferramenta poderosa de conexão, apresentando seis hábitos que a desenvolvem e transformam as relações.

OSHO. **Compaixão**: o florescimento supremo do amor. São Paulo: Cultrix, 2007. (Série Dicas Para uma Nova Maneira de Viver).

O autor mostra a compaixão como reflexo do amor próprio e da aceitação por si mesmo.

Vídeos

BRENÉ Brown: o poder da vulnerabilidade. Tradução de Nancy Jupzapavicious. TED, June 2010. Disponível em: <https://www.ted.com/talks/brene_brown_on_vulnerability?language=pt-br>. Acesso em: 5 mar. 2020.

EMPATIA e simpatia.RSA, 2014. Disponível em: <https://www.youtube.com/watch?v=_7BTwvVBrwE>. Acesso em: 5 mar. 2020.

INTRODUÇÃO à comunicação não-violenta:workshop por Marshall Rosemberg. Center for Nonviolent Communication, 2013.Disponível em: <https://www.youtube.com/watch?v=DgAsthY2KNA>. Acesso em: 5 mar. 2020.

O PODER da empatia. RSA, 2014. Disponível em: <https://www.youtube.com/watch?v=VRXmsVF_QFY>. Acesso em: 5 mar. 2020.

O QUE é a comunicação não-violenta, por Marie Bendelac. Canal Philos, 2017. Disponível em: <https://www.youtube.com/watch?v=WNIu8tlevJM>. Acesso em: 5 mar. 2020.

Questões para revisão

1. Como se configura uma comunicação alienante?

2. Descreva uma situação na qual a comunicação tenha sido desenvolvida com empatia e destaque qual ato foi mais significativo na configuração da ação.

3. Como se subdivide o estudo da comunicação humana?
   a) Sintaxe, semântica e pragmática.
   b) Gramática, semântica e linguagem corporal.
   c) Sintaxe, gramática e semântica.
   d) Ortografia, caligrafia e pragmática.
   e) Caligrafia, semântica e sintaxe.

4. Relacione os axiomas da pragmática da comunicação interpessoal com suas características.
   I) Comunicação digital e analógica.
   II) Pontuação da sequência de eventos.
   III) Conteúdo e níveis de relação da comunicação.
   IV) Impossibilidade de não comunicar.

   ( ) Todo comportamento tem valor de mensagem
   ( ) Interação social relacionada a um compromisso
   ( ) Metacomunicação que envolve a natureza das relações
   ( ) Fala e expressões corporais

   a) I, IV, III, II.
   b) III, II, IV, I.
   c) I, II, III, IV.
   d) IV, III, II, I.
   e) IV, I, III, II.

5. Quais são os quatro componentes da comunicação não-violenta?

   a) Observação, sentimento, paciência e compreensão.
   b) Conflitos, paciência, compreensão e necessidades.
   c) Sentimento, necessidades, paciência e observação.
   d) Paciência, compreensão, conflitos e pedido.
   e) Observação, sentimento, necessidades e pedido.

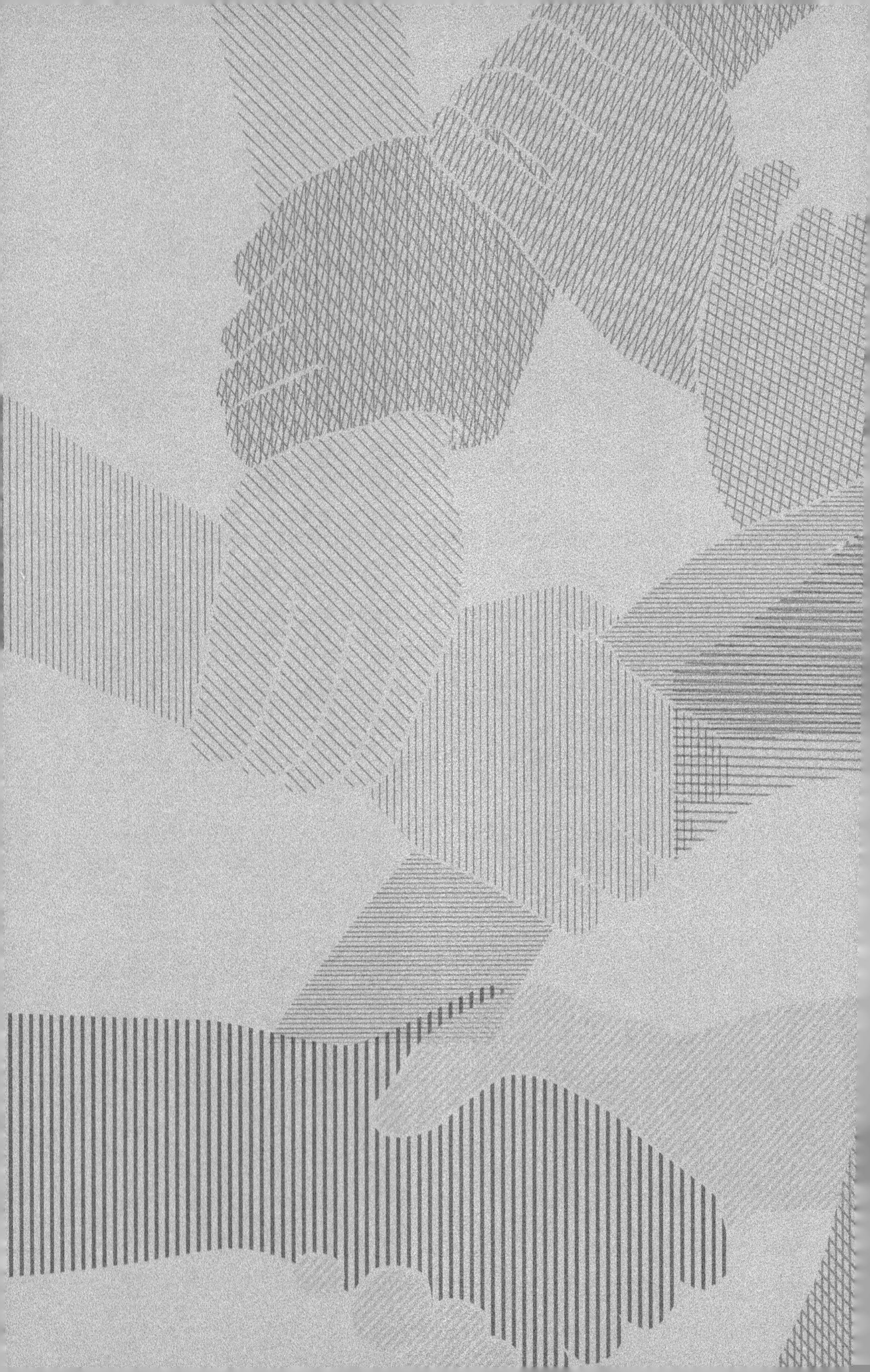

CAPÍTULO 4

Justiça formal e diferentes tipos de resolução de conflito

Conteúdos do capítulo:

- Como acessar a justiça e entender seus métodos e suas formas.
- Diferença entre lide processual e lide sociológica.
- Meios alternativos de resolução de conflitos.

Após o estudo deste capítulo, você será capaz de:

1. compreender o trâmite judiciário e seus desafios;
2. identificar as diferentes maneiras de acesso à justiça;
3. reconhecer as diferentes alternativas de resolução de conflito.

Sabemos que nem todos os conflitos podem ser resolvidos pacificamente por meio da simples comunicação. Muitas vezes, é necessário recorrer a meios jurídicos para que a resolução tenha reflexos burocráticos. Por conta disso, é necessário haver aporte estatal, por meio do Poder Judiciário, para a resolução de diversos tipos de conflitos, e isso significa que nem sempre o recurso que auxilia uma pessoa é o ideal para outra. Assim, há diversas maneiras como a justiça pode auxiliar nesse processo e será sobre isso que trataremos neste capítulo.

4.1 Acesso à justiça

O papel de pacificação dos conflitos nem sempre coube ao Estado. Até alguns anos atrás, havia a possibilidade de os próprios envolvidos adotarem métodos informais e rudimentares, sendo possível até mesmo o uso da força física, configurando a chamada *autotutela* (Almeida; Pantoja, 2016). Esse contexto reflete a lei de talião, na qual o próprio ofendido punia o ofensor, também conhecida pela máxima "olho por olho, dente por dente", que faz com que o mais forte, física ou economicamente, prevaleça. Assim, não raramente ocorriam abusos.

Atualmente, de modo excepcional, a autotutela (ou possibilidade de defesa ou de ação realizada pelo próprio ofendido ou credor) é admitida em nosso ordenamento jurídico nos seguintes casos:

> Ex. 1: legítima defesa da posse (autorização de defesa e manutenção da posse);

> Ex. 2: desforço incontinenti (exercício direto do direito de restituir-se da coisa por sua própria força), situações – nos dois casos – previstas no art. 1.210 do CC[1];

---

1   CC: Código Civil – Lei n. 10.406, de 10 de janeiro de 2002 (Brasil, 2002).

Ex. 3: penhor legal (admite exercício direto do direito pela retenção de bens do devedor, previsto no art. 1.467 do CC, que em alguns casos depende da homologação judicial conforme art. 703 do NCPC[2]) (Bacellar, 2016, p. 18)

Afastado o aspecto negativo quanto à possibilidade de ocorrer desequilíbrio de forças ou poderes entre os envolvidos no conflito, a autotutela confere às partes a decisão da solução dos problemas, em vez de delegá-la a terceiros. Entretanto, visando assegurar aos cidadãos um sistema padronizado para a solução dos conflitos, que rechace os excessos, o Estado tomou para si o poder exclusivo da jurisdição, passando a aplicar a lei ao caso concreto por meio de uma decisão proferida por um terceiro, estranho ao caso conflituoso, o juiz.

Assim, ao Poder Judiciário compete a apreciação da lide, cujo conceito é dado por Carnelutti, citado por Bacellar (2016, p. 19), "como um conflito de interesses qualificado por uma pretensão resistida ou insatisfeita". Contudo, a partir do momento em que se instaurou o monopólio estatal, ao longo dos anos, esse sistema foi se mostrando ineficiente. Em um estudo aprofundado, realizado por Cappelletti e Garth (1988), apuraram-se alguns obstáculos para a excelência do Poder Judiciário, nos âmbitos econômico-financeiro, organizacional e processual.

O acesso efetivo à justiça muitas vezes não se torna viável, tendo em vista:

1. **O valor das custas judiciais** – Em geral, o montante é alto, sendo até mais significativo se a causa for de pequena quantia, e pode se tornar ainda mais custoso se o trâmite for demorado, sem contar os custos dos honorários advocatícios e periciais, entre outros.
2. **A possibilidade das partes** – No sentido de que os litigantes têm diferentes espécies que podem gerar vantagens ou desvantagens, a exemplo dos recursos financeiros, da capacidade jurídica, do conhecimento técnico quanto a seus direitos e a seus deveres:

---

2 NCPC: Novo Código de Processo Civil – Lei n. 13.105, de 16 de março de 2015 (Brasil, 2015a).

mesmo consumidores bem informados, por exemplo, só raramente se dão conta de que sua assinatura num contrato não significa que precisem, obrigatoriamente, sujeitar-se a seus termos, em quaisquer circunstâncias. Falta-lhes o conhecimento jurídico básico não apenas para fazer objeção a esses contratos, mas até mesmo para perceber que sejam passíveis a objeção. (Cappelletti; Garth, 1988, p. 23)

Além disso, há a diferenciação entre os litigantes eventuais e os habituais, já que os que litigam com mais frequência têm mais vantagens, como maior experiência, economia em razão da escala, criação de relações com os membros do sistema e possibilidade de testar diversas estratégias.

3. **Problemas especiais dos interesses difusos** – São aqueles fragmentados ou coletivos, afetos especialmente às áreas do meio ambiente e do direito do consumidor.

Suponhamos que o governo autorize a construção de uma represa que ameace de maneira séria e irreversível o ambiente natural. Muitas pessoas podem desfrutar da área ameaçada, mas poucas – ou nenhuma – terão qualquer interesse financeiro direto em jogo. Mesmo esses, além disso, provavelmente não terão interesse suficiente para enfrentar uma demanda judicial complicada. Presumindo-se que esses indivíduos tenham legitimação ativa (o que é frequentemente um problema), eles estão em posição análoga à do autor de uma pequena causa, para quem uma demanda judicial é anti-econômica. Um indivíduo, além disso, poderá receber apenas indenização de seus próprios prejuízos, porém não dos efetivamente causados pelo infrator à comunidade. Consequentemente, a demanda individual pode ser de todo ineficiente para obter o cumprimento da lei; o infrator pode não ser dissuadido de prosseguir em sua conduta. (Cappelletti; Garth, 1988, p. 26-27)

Esse aspecto denota duas problemáticas: 1. a possibilidade de um único evento gerar inúmeras (centenas ou até mesmo milhares) demandas; ou 2. um considerável evento, de grandes proporções danosas à coletividade, gerar um pequeno impacto a cada indivíduo, desmotivando assim a propositura de demandas, deixando impune o causador do dano.

Além desses entraves, Pantoja e Almeida (2016) destacam um obstáculo de cunho processual, uma vez que o processo judicial tradicional pode não ser o mais adequado para a solução de alguns conflitos. A essa conclusão, os autores fazem um aparte acerca de outras características peculiares ao sistema de Justiça, como o fato de ele ser, em regra, público, o que permite a transparência que nem sempre interessa às partes e o formalismo, muitas vezes excessivo, resultando em delonga. Pantoja e Almeida (2016) também tratam do engessamento desse método, que não privilegia a criatividade e se reveste de imutabilidade diante da coisa julgada (que ocorre quando não há mais possibilidade de interposição de recursos), bem como o fato de que muitas vezes seu resultado, a decisão final, sequer será cumprida pela parte vencida. Assim, é possível que, mesmo vencedor, quem se sentiu lesado e recorreu à justiça se mostre insatisfeito com o serviço prestado.

Além das razões expostas, outras se mostram possíveis: atendimento desatencioso e até mal-educado e tempo excessivo de duração, havendo casos que tramitam por décadas, uma vez que o sistema é permissivo à propositura de inúmeros recursos e não tem estrutura pessoal compatível com o volume de trabalho.

4.2 Obstáculos do acesso à justiça

Analisando esse panorama, Cappelletti e Garth (1988, p. 28) chegaram à conclusão de que

> os obstáculos criados por nossos sistemas jurídicos são mais pronunciados para as pequenas causas e para os autores individuais, especialmente os pobres; ao mesmo tempo, as vantagens pertencem de modo especial aos litigantes organizacionais, adeptos do uso do sistema judicial para obterem seus próprios interesses.

Para a superação desses entraves, os autores apresentam algumas medidas possíveis para superação, às quais deram o nome de *ondas*.

Primeira onda: assistência judiciária para os pobres

Esse movimento apresenta a necessidade de o Estado custear um advogado para as pessoas que não têm condições de pagar os honorários, isentando-os, também, do pagamento das custas judiciais. A esse modelo deu-se o nome de *Sistema Judicare*, presente atualmente em nosso ordenamento jurídico por meio da Lei n. 1.060, de 5 de fevereiro de 1950 (Brasil, 1950), que garante aos necessitados (aqueles que declaram impossibilidade financeira) a isenção do pagamento de custas, emolumentos e honorários. Nesses casos, a assessoria jurídica é realizada por advogados dativos (que se habilitam) ou por defensores públicos (concursados), ambos remunerados pelo Estado.

Essa onda também engloba o sistema advogado remunerado pelos cofres públicos, que vai além do anterior, pois cria uma classe própria de advogados para atuar em prol dos carentes e permite que esses profissionais vão até esse público para ofertar conhecimentos acerca de direitos fundamentais, tornando-os conscientes e empoderados.

Cappelletti e Garth (1988, p. 40) apresentam as vantagens dessa sistemática sobre a do Judicare: "Ela ataca outras barreiras ao acesso individual, além dos custos, particularmente os problemas derivados da desinformação jurídica pessoal dos pobres. Ademais, ela pode apoiar os interesses difusos ou de classe das pessoas pobres".

Em nosso sistema de justiça, esse papel é atribuído à Defensoria Pública, instituição permanente, essencial à função jurisdicional do Estado – art. 134, da Constituição Federal (Brasil, 1988), a quem é conferida a função de prestar atendimento jurídico gratuito, de maneira consultiva ou contenciosa, à população carente (considerada aquela que tem renda familiar de até três salários-mínimos, critério adotado pela Defensoria Pública do Estado do Paraná).

À Defensoria Pública cabe, ainda, propiciar a esse público, em especial, o conhecimento quanto a seus direitos fundamentais (como vida, saúde, moradia, educação, profissionalização, consumo), contribuindo para o exercício da cidadania.

Segunda onda: representação de interesses difusos

Essa onda veio para possibilitar que uma única demanda possa garantir direitos difusos, coletivos ou individuais homogêneos para um grupo. Os **interesses difusos** são aqueles que pertencem a pessoas indeterminadas, ligadas por uma circunstância fática (como direitos das crianças e dos adolescentes). Já os **direitos coletivos** têm como titulares grupos, categorias ou classes de pessoas ligadas entre si e com a parte contrária, tendo em vista uma relação jurídica existente (como direitos de clientes de determinado plano de saúde).

Por fim, os **interesses individuais homogêneos** são aqueles que decorrem de uma origem comum, podendo os titulares ser identificados (como direitos de pessoas que adquirem o mesmo produto defeituoso), conceituação legal exposta no parágrafo único do art. 81, do Código de Defesa do Consumidor – Lei n. 8.078, de 11 de setembro de 1990 (Brasil, 1990).

Nosso sistema jurídico permite que as ações coletivas sejam propostas pelo Ministério Público, pela União, pelos estados, pelos municípios, pelo Distrito Federal, por entidades e órgãos da Administração Pública, direta ou indireta, ainda que sem personalidade jurídica e pelas "associações legalmente constituídas há pelo menos um ano e que incluam entre seus fins institucionais a defesa dos interesses e direitos coletivos, em sentido amplo" (Brasil, 1990).

Terceira onda: da representação em juízo a uma concepção mais ampla de acesso à justiça

Esse movimento representa a necessidade de aperfeiçoamento dos instrumentos processuais e a utilização de novos mecanismos para a solução de conflitos dentro e fora do Poder Judiciário, atacando os obstáculos antes apontados, de maneira mais articulada.

esse enfoque encoraja a exploração de uma **ampla variedade de reformas**, incluindo alterações nas formas de procedimento, mudanças na estrutura dos tribunais ou a criação de novos tribunais, o uso de pessoas leigas ou para profissionais, tanto como juízes quanto como defensores, modificações no direito substantivo destinadas a evitar litígios ou facilitar sua solução e a utilização de mecanismos privados ou informais de solução dos litígios. Esse enfoque, em suma, não receia inovações radicais e compreensivas, que vão muito além da esfera de representação judicial. (Cappelletti; Garth, 1988, p. 71, grifo do original)

No cenário brasileiro, em observância a esse movimento, tivemos a Emenda Constitucional n. 45, de 30 de dezembro de 2004, que trouxe profundas alterações em nossa Constituição Federal, no âmbito do Poder Judiciário, recebendo o título de *Reforma do Judiciário* (Brasil, 2004). Destacamos a criação do Conselho Nacional de Justiça (CNJ), órgão que não compõe propriamente o Poder Judiciário, por não ter função jurisdicional, mas a quem compete funções administrativas e de fiscalização interna, com significativas mudanças e bons impactos nos serviços judiciais.

Também foi no contexto dessa onda que surgiram os meios alternativos de solução de conflitos, com modos variados de justiça, que serão detalhadamente trabalhados adiante.

Quarta onda: dimensões éticas

Esse movimento não foi apontado por Cappelletti e Garth (1988), que pararam na terceira, mas foi proposto por Economides, citado por Bacellar (2016). Essa onda mostra a necessidade de uma conduta ética por parte dos operadores do direito, tanto no âmbito profissional, por advogados, juízes, promotores, procuradores, defensores, quanto no educacional, na formação acadêmica dos bacharéis em Direito.

O acesso à justiça necessita ser um trajeto que passe por transparência, boa-fé, dignidade, bons costumes e "jogo limpo", livre de qualquer espécie de corrupção ou de outras ilicitudes.

Quinta onda: saída da justiça e métodos adequados à resolução de conflitos

Essas soluções foram entabuladas pelo jurista, hoje desembargador do Tribunal de Justiça do Estado do Paraná Roberto Portugal Bacellar (2016), que esclarece um de seus aspectos:

I) **Saída da justiça**: uma das maiores insatisfações do jurisdicionado é com a morosidade do Poder Judiciário. O Direito Constitucional da razoável duração do processo (incluído na nossa Constituição Federal – inciso LXXVIII, do artigo 5º – pela Emenda Constitucional 45/2004) não se mostra efetivo. Na busca pela superação desse obstáculo, estão algumas ações do Conselho Nacional de Justiça (CNJ), como a imposição de metas para julgamento de demandas mais antigas, com o fim de diminuir a taxa de congestionamento dos tribunais.

Nesse viés, Almeida Neto (2016, p. 713) alerta que "o foco de preocupação atual deve se dirigir à saída do aparelho Judiciário, não só sob o ângulo da duração do processo, mas também sob o ângulo da utilidade do produto fornecido pela atividade judiciária". E é nessa mesma linha de pensamento, quanto à qualidade e à adequação do serviço prestado, que se apresenta o segundo aspecto:

> II) **Oferta de métodos ou meios adequados à resolução de novos conflitos**: trazidos como uma possibilidade para a "saída da justiça", seja de forma preventiva, se ofertados fora do Poder Judiciário, evitando, assim, um aumento da demanda jurisdicional; seja de forma repressiva, trazendo outros métodos, além do tradicional, para a resolução do conflito apresentado. (Almeida Neto, 2016, p. 713)

Identificamos aqui uma diferença entre esse movimento e a terceira onda, pois esta apresenta a possibilidade de criação de métodos alternativos. Já a quinta onda traz a necessidade de o método ser adequado, não bastando ser apenas mais uma opção, podendo estar disponível tanto dentro como fora do Poder Judiciário.
Para sua efetiva adequação,

> É importante, como componente desta quinta onda, perceber a complexidade das relações entre as pessoas e ampliar o conhecimento de forma interdisciplinar agregando algumas técnicas, ferramentas,

mecanismos e instrumentos para enfrentar, tecnicamente (não intuitivamente), o problema social presente em qualquer conflito (Bacellar, 2016, p. 25)

O verdadeiro caminho à justiça precisa ter uma porta de entrada na qual o conflito possa ser analisado por um prisma complexo, pelo viés da moderna teoria do conflito, que, como vimos no Capítulo 1, é capaz de identificar suas peculiaridades e suas complexidades. Com base nisso é que deve ser realizada a escolha da via a ser seguida.

A existência dessas ondas vem ao encontro da moderna visão de acesso à justiça, que nos remete à ideia de ordem jurídica justa, que passa pelos vieses da:

- **Efetividade** – O funcionamento do serviço prestado precisa ser pleno e de qualidade.
- **Tempestividade** – O trâmite precisa ser célere e durar um período razoável, capaz de ainda atender ao interesse da parte.
- **Adequação** – atuação em conformidade com o conflito apresentado.

Nesse sentido,

> Há de se deixar para trás a promessa de acesso apenas formal à justiça e visualizar um novo acesso à solução adequada dos conflitos dentro de uma ordem jurídica justa, acesso esse encarado a partir da percepção do cidadão. De nada adianta ao povo garantias formais sem nenhuma efetividade no seu dia a dia. Só a presença efetiva do Estado e o atendimento aos serviços básicos resgatarão nessas comunidades o sentimento de pertencimento. (Bacellar, 2016, p. 34)

Dessa maneira, é por meio de uma adequada abordagem do conflito que será possível optar por um **método construtivo de resolução**, que levará a uma solução também adequada às reais necessidades de todos os envolvidos. A resolução de conflitos, tanto no âmbito privado (extraprocessual) quanto no âmbito público (endoprocessual), conta com **métodos consensuais ou adversariais**. Já as formas pelas quais se manifestam e se configuram essas soluções podem ser **autocompositivas ou heterocompositivas**.

4.3 Métodos adversariais ou consensuais

A principal distinção entre esses dois métodos resulta no comportamento das partes envolvidas no conflito e no procedimento pertinente a cada um deles. Nos **métodos adversariais**, como o nome sugere, a conduta dos envolvidos está voltada à competição, e eles são considerados adversários, ansiando pela vitória individual. Para o resultado esperado, cada parte apresenta sua versão dos fatos e produz as provas necessárias, a fim de angariar a convicção quanto a seu posicionamento. Cada manifestação oportuniza a possibilidade de impugnação pela parte contrária, por meio de contestação, embargos ou recursos (peças processuais presentes no sistema judicial). Os fatos e as versões, com seus respectivos fundamentos e provas, de cada uma das partes, são apresentados a uma terceira pessoa, estranha à relação conflituosa e imparcial, que analisa todos os argumentos apresentados e, ao fim do procedimento, produz uma decisão acerca do conflito, dando o ganho de causa a um dos envolvidos. Assim, as soluções independem da vontade partes, sendo impositivas e verticais, proferidas por uma autoridade, de cima para baixo (Bacellar, 2016).

No processo decisório, o julgador leva em conta apenas as posições trazidas pelos conflitantes, em seus respectivos pedidos expressos, não podendo decidir fora desses limites e estando impossibilitado de julgar além, aquém ou diferentemente do que foi apresentado. Dessa maneira, esse método não propicia a expressão de sentimentos, de emoções e das reais necessidades advindas do conflito. O objetivo maior é resolver o processo ou procedimento surgido em razão do conflito, e não a relação existente entre as partes; para tanto, esse método adota o modelo **ganha-perde**, no qual a solução declara a vitória de uma das partes em prol da derrota da outra.

Aqui encontramos um raciocínio dialético, por meio da apresentação de uma tese pelo autor (aquele que propõe a demanda), de uma antítese pelo réu (parte contrária) e de uma síntese pelo julgador, sendo esse o modelo ensinado nos cursos de Direito (Bacellar, 2016). Por isso, talvez, tenhamos em nossa cultura a ideia de que "a pessoa boa de briga daria um bom advogado". Ainda está muito enraizado em nossos costumes esse método voltado ao litígio para a resolução de conflitos. Entretanto, cada vez mais se tem tido a consciência quanto aos danos gerados por esse modelo, já que a competição é estressante até mesmo para o vencedor.

Em contrapartida a esse modelo, há os **métodos consensuais** ou **não adversariais**, nos quais a conduta dos envolvidos está voltada à colaboração, não sendo mais considerados adversários, e sim parceiros na busca da solução mais adequada ao caso. Como o nome propõe, há um consenso inicial entre os envolvidos quanto à escolha desse método, uma vez que ele se define pelo feitio voluntário. O consenso quanto à resolução do conflito é almejado, mas não obrigatório.

Na busca do consenso, as partes apresentam suas versões dos fatos a uma terceira pessoa, estranha à relação conflituosa e imparcial, que colhe todas as informações para auxiliar as partes a chegarem, por elas mesmas, a um resultado benéfico a ambas. É adotado o modelo **ganha-ganha**, em que todos cooperam para um resultado satisfatório. Nesse modelo, o terceiro não produz um veredito, já que sua função é auxiliar as partes a construírem ou reconstruírem a relação existente entre elas por meio da comunicação adequada. Não há qualquer imposição.

Nesse cenário, não existe a necessidade de produção de provas e há espaço para a expressão de sentimentos, emoções, questões aparentemente estranhas ao conflito e interesses que serão identificados pelo terceiro, que criará um ambiente seguro, para que as próprias partes cheguem a uma possível solução que atenda a suas reais necessidades. O objetivo maior é restabelecer a relação e reconstruir os laços desfeitos pelo conflito em detrimento da resolução do processo ou do procedimento.

Nesse modelo, encontramos um raciocínio eslético, colaborativo, construtivo e sistêmico, no qual todas as informações e emoções trazidas são consideradas para efeito de diálogo e de construção do consenso (Bacellar, 2016). Essa é a lógica contemporânea do direito, tendo sido recentemente estimulada tanto nas universidades, com disciplinas próprias para tratar desse método, quanto nas legislações recentes, a exemplo do Novo Código de Processo Civil – Lei n. 13.105, de 16 de março de 2015 (Brasil, 2015a) – e da Lei de Mediação – Lei n. 13.140, de 26 de junho de 2015 (Brasil, 2015b).

A Figura 4.1 evidencia a distinção entre o resultado ganha-perde, que em regra produz frustração, e o resultado ganha-ganha, capaz de gerar satisfação mútua.

Figura 4.1 – Modelos adversarial e consensual

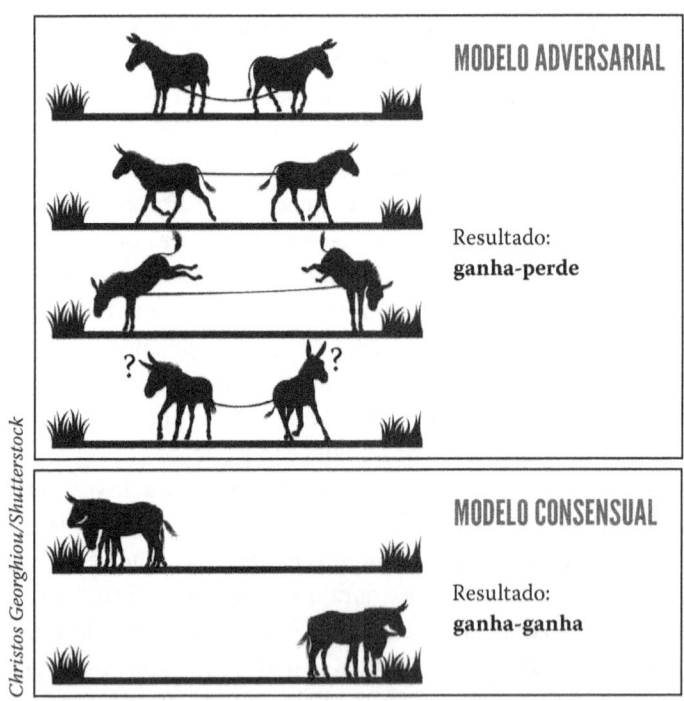

MODELO ADVERSARIAL

Resultado: **ganha-perde**

MODELO CONSENSUAL

Resultado: **ganha-ganha**

Christos Georghiou/Shutterstock

Para fins didáticos, trazemos uma metáfora para demonstrar a diferença entre os dois métodos.

I. Em um **jogo de tênis**, quais são as ferramentas mínimas necessárias?
Resposta: Uma bola e duas raquetes.
E qual é a metodologia adotada?
Resposta: O jogador X lança a bola com o objetivo de fazer com que o jogador Y não consiga recebê-la, usando, para isso, uma estratégia para dificultar a atuação desse jogador.
Reflexão: Dessa forma, nesse esporte temos a lógica competitiva.
Modelo **ganha-perde**.

II. Em um **jogo de frescobol**, quais são as ferramentas mínimas necessárias?
Resposta: Uma bola e duas raquetes.
E qual é a metodologia adotada?
Resposta: O jogador X lança a bola com o objetivo de fazer com que o jogador Y consiga recebê-la, usando, para isso, uma estratégia para facilitar a atuação desse jogador.
Reflexão: Desse modo, nesse esporte temos a lógica colaborativa.
Modelo **ganha-ganha**.

Esses exemplos servem para ilustrar a possibilidade de as partes envolvidas em um conflito, com a mesma ferramenta (comunicação), poderem escolher estratégias distintas: uma que privilegie a competição (**método adversarial**) ou outra que prestigie a cooperação (**método consensual**). Há ainda quem defenda a existência de um **método híbrido** (consensual e adversarial), a exemplo do que ocorre nos microssistemas de nossos juizados especiais, conforme aponta Bacellar (2016).

Vislumbra-se também a possibilidade de migração de um método para outro. Quando em um primeiro momento a cooperação se mostra inviável, mas no curso do procedimento se abre a oportunidade de ela ser utilizada, ou o contrário, quando as partes iniciam dispostas a colaborar, mas, no trâmite do procedimento, há intercorrências que as levam para o formato adversarial.

4.4 Formas heterocompositivas ou autocompositivas

A solução de um conflito pode decorrer da vontade das partes (método consensual) ou ser delegada a um terceiro (método adversarial). Assim, quanto à titularidade do poder decisório, temos **autonomia** e **heteronomia**, quando as próprias partes detêm o poder de decisão e quando a titularidade é transferida das partes para um terceiro, respectivamente (Cabral, 2013).

Entre os modelos de resolução de controvérsias, compreendem-se duas formas principais: a **heterocompositiva** e a **autocompositiva**. Em regra, os métodos adversariais apresentam-se com a primeira, e os consensuais, com a segunda.

Na forma **heterocompositiva**, a solução é dada por um terceiro, estranho à relação conflitiva, imparcial, que pode ser escolhido pelas partes (extrajudicial) ou designado (judicial) independentemente da vontade dos envolvidos, que apenas apresentam as questões (argumentos e pedidos) que serão objeto e limite da análise realizada pelo julgador. Esse processo também pode ser chamado de *mecanismo adjudicatório*, uma vez que a decisão é vinculativa, imposta aos interessados.

Na forma **autocompositiva**, a solução é encontrada pelas próprias partes, não havendo decisão promulgada por terceiros, prestigiando-se a livre autonomia da vontade dos envolvidos. A participação de um terceiro, imparcial, para facilitar a comunicação e estimular a manifestação das partes pode ocorrer por meio de técnicas adequadas, propiciando que os próprios interessados encontrem a solução para o conflito.

Almeida Neto (2016, p. 724-725) faz um quadro comparativo entre as formas aqui apresentadas, conforme o quadro 4.1.

Quadro 4.1 – Justiça heterocompositiva e justiça autocompositiva

JUSTIÇA HETEROCOMPOSITIVA	JUSTIÇA AUTOCOMPOSITIVA
Conceito restritivo de lide: conflito de interesses qualificado por uma pretensão resistida (Carnelutti). Garantias constitucionais de contraditório e ampla defesa	Conceito amplo de conflito: "é o elemento motor da dinâmica social" (Marx) a serviço da melhora da posição social no jogo das contradições socioeconômicas, culturais e simbólicas. Conflito positivo e produtivo, ou negativo e destrutivo (Deutsch)
Princípio da eventualidade (preclusão) – pedidos excessivos	Pedido refletindo real interesse das partes
Foco no pedido	Foco nos interesses e sentimentos
Prevalência do interesse público	Prevalência do interesse privado
Visão retrospectiva	Visão prospectiva
Estabilização	Movimento
Estabelecimento de culpa	Estabelecimento de responsabilidade
Resultado: composição da lide nos limites propostos	Resultado: justiça negociada, de consenso ou reparadora
Indiferença do Estado quanto às necessidades da comunidade afetada	Inclusão da comunidade afetada
Indiferença do Estado quanto à mudança de cultura	Compromisso com a mudança cultural
Dissuasão – submissão à decisão que o Estado entende mais adequada	Persuasão – adesão à solução construída
Ausência de autonomia	Autonomia da vontade
Linguagem hermética ritualística	Linguagem acessível
Publicidade	Confidencialidade

Embora colocadas de maneira antagônica, não podemos considerar que entre a forma heterocompositiva e a forma autocompositiva exista uma certa e outra errada. Ambas, considerando-se suas características expostas, podem ser definidas como a mais indicada para um caso concreto e específico.

Como já apontamos, em um único caso é possível adotar condutas consensuais, na forma autocompositiva, e, depois medidas adversariais no formato heterocompositivo, ou vice-versa. Vejamos um caso apresentado por Bacellar (2016, p. 22):

> Em um primeiro momento, por exemplo, quando "A", vizinho de "B", bate na porta para reclamar do som alto que vem do apartamento de "B", a fim de buscar uma solução por eles mesmos (método consensual pela negociação direta).
>
> Em um segundo momento, caso "A" não resolva o conflito por consenso com seu vizinho (pelo método consensual) no ambiente informal, tem a possibilidade de levar o caso à assembleia de condomínio para buscar, ainda na esfera privada, uma resolução do conflito em âmbito mais formal. Note-se que a solução ainda ocorre pelo meio ou mecanismo extrajudicial.
>
> Em outras palavras, temos que a questão, nessa hipótese, poderá ser solucionada informalmente pelos próprios condôminos ainda por consenso (método consensual em assembleia, na forma autocompositiva – as próprias partes, em conjunto com os demais interessados, decidem) ou, não havendo essa possibilidade, por decisão da assembleia a respeito do assunto (método adversarial, na forma heterocompositiva – alguém, uma pessoa ou um conselho, após levar as informações e demais elementos necessários, decide pelas partes)

Voltando ao Quadro 4.1, destacamos duas diferenças cruciais: quanto ao foco e quanto ao resultado. O método adversarial, na forma heterocompositiva, tem como foco os pedidos apresentados pelas partes, seja na petição inicial (peça apresentada pelo autor do pedido – requerente), seja na contestação (peça apresentada pelo réu – requerido). Esses pedidos configuram a lide, que norteia a decisão proferida (o resultado), que não pode extrapolar seus limites. Em contrapartida, o método consensual, na forma autocompositiva, tem como foco todos os aspectos do conflito, inclusive os interesses e os sentimentos presentes na relação. Isso produz um resultado participativo que contempla as reais necessidades dos envolvidos, chegando, assim, mais próximo da ideia de justiça. Assim, "não se deve confundir a lide – que é apenas uma parcela do conflito – com o próprio conflito" (Bacellar, 2016, p. 75).

4.5 Lide: processual ou sociológica

O termo *lide* remete à ideia de litígio judicial, demanda, pretensão resistida, Poder Judiciário. E, como vimos, não se confunde com o conflito em si. Para auxiliar uma abordagem adequada ao conflito, Azevedo (2016, p. 146) faz uma separação de **lide processual** e **lide sociológica**, distinguindo

> aquilo que é trazido pelas partes ao conhecimento do Poder Judiciário daquilo que efetivamente é interesse das partes. Lide processual é, em síntese, a descrição do conflito segundo os informes da petição inicial e da contestação apresentados em juízo. Analisando apenas os limites dela, na maioria das vezes não há satisfação dos verdadeiros interesses do jurisdicionado. Em outras palavras, pode-se dizer que somente a resolução integral do conflito (lide sociológica) conduz à pacificação social.

Desses conceitos, podemos concluir que a lide processual foca a **posição**, os pedidos apresentados no processo, os quais podem não ser coincidentes com a verdadeira vontade do interessado e não traduzir aquilo que ele realmente almeja. Assim, pode se apresentar como uma justificativa, uma meta estratégica (o indivíduo pede mais para conseguir menos), na qual a parte esconde, dissimula ou omite os verdadeiros motivos, as justificativas ou as metas.

Em regra, a lide processual está inserida no contexto dos métodos adversariais ou heterocompositivos, nos quais a posição (pedidos e argumentos) deve ser dada pelo autor na petição inicial e pelo réu na contestação:

> Dessa forma, ao disparar sua pretensão deve o requerente manejar todas as armas que possui, uma vez que o princípio de ampla defesa veda a surpresa no processo adversarial. Como consequência lógica de tal princípio, tem-se o acirramento de posições, pedidos excessivos, atribuição de culpa, deslocamento de reais interesses (Almeida Neto, 2016, p. 716)

Já a lide sociológica foca o **interesse**, a real necessidade da parte, em todos os contornos do conflito. É aquilo que realmente importa no problema, são as verdadeiras intenções, as justificativas reais que a pessoa reluta em expressar. A lide sociológica é objeto dos métodos consensuais ou autocompositivos, nos quais a fluidez dos recursos empregados permite uma construção continuada do objeto do conflito, trabalhando não só seu aspecto objetivo mas também o subjetivo.

Normalmente, o interesse é encoberto pela posição, que se mostra mais visível (aspecto objetivo) e está alocada no consciente das partes. Já os interesses podem até ser invisíveis (aspecto subjetivo) e geralmente estão no inconsciente. A Figura 4.2 é muito utilizada para ilustrar essa situação.

Figura 4.2 – Iceberg

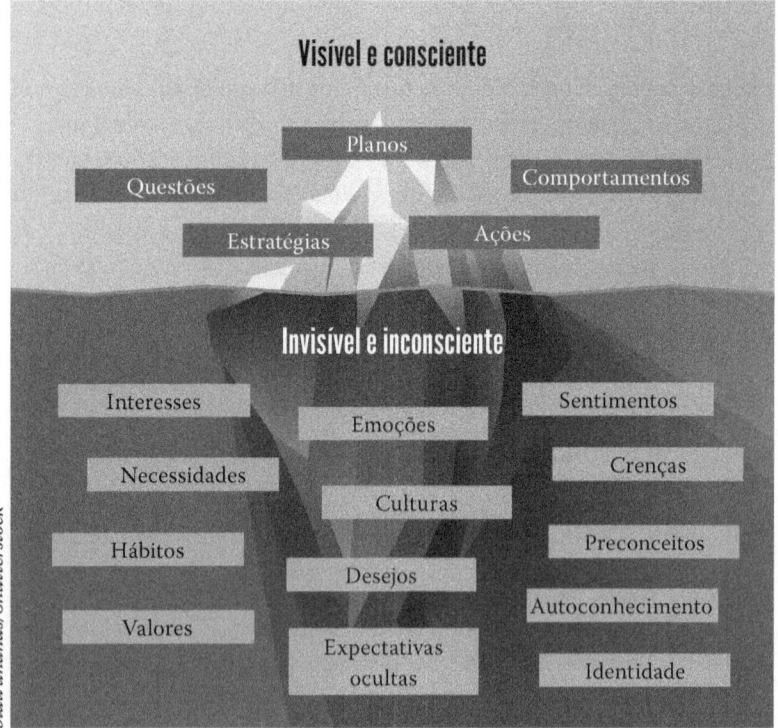

Visível e consciente
- Planos
- Questões
- Comportamentos
- Estratégias
- Ações

Invisível e inconsciente
- Interesses
- Emoções
- Sentimentos
- Necessidades
- Crenças
- Culturas
- Hábitos
- Preconceitos
- Desejos
- Valores
- Autoconhecimento
- Expectativas ocultas
- Identidade

blau ananas/Shutterstock

Vejamos um caso real que demonstra nitidamente a distinção entre **posição** e **interesse**.

Exemplificando

Certa vez, uma advogada atendeu a uma moça de 18 anos que pretendia requerer pensão alimentícia do pai. A profissional indagou se ela ou a mãe já tinham feito esse pedido e a moça respondeu que não, disse que mal conhecia o pai e que ele nunca havia contribuído com suas despesas. Assim, verificou-se um valor que fosse compatível com as necessidades dela e com as possibilidades do pai e aforou-se uma demanda de alimentos. Na petição inicial, o pedido principal foi para a fixação de alimentos no valor de um salário mínimo. Em audiência de instrução e de julgamento, a juíza questionou as partes quanto à possibilidade de um acordo e ambas responderam negativamente. Assim, a juíza declarou que proferiria a decisão final (sentença) na própria audiência e julgou o pedido da autora totalmente procedente, condenando o pai a pagar à filha o valor de um salário mínimo em alimentos.

Finda a decisão, enquanto as partes e os advogados assinavam os termos, a moça (autora) perguntou à juíza se poderia se manifestar, e a magistrada não autorizou. Mas a moça insistiu. Após esclarecer que o ato já havia encerrado, a juíza autorizou a fala da moça. Então ela se levantou, virou-se para o pai e lhe disse:

— Eu não preciso do seu dinheiro. Eu não quero esse salário mínimo. Eu nunca precisei de sua ajuda, pois minha mãe sempre deu conta sozinha. Eu só gostaria que você soubesse disso. Eu estou fazendo faculdade, tenho muito orgulho de mim e cheguei até aqui sozinha. Eu não preciso de nada que venha de você!

O pai (réu), sem olhar para a filha, terminou de assinar os termos, levantou-se e foi embora.

A que conclusão podemos chegar com essa história? Você é capaz de identificar qual é a lide processual, a posição, e qual é a lide sociológica, o verdadeiro interesse da moça no caso apresentado? É evidente que a moça moveu a "máquina judiciária" para pedir algo que não queria, em um nítido exemplo de posição e interesse antagônicos. Seu pedido (posição) foi de pensão alimentícia no valor de um salário mínimo, mas sua real necessidade (interesse) era ter a atenção do pai, seu reconhecimento, sua participação, seu afeto.

O método utilizado pela moça para a resolução de seu conflito, propondo uma ação judicial, adversarial na forma heterocompositiva, resolve apenas a lide processual. Nas palavras de Bacellar (2016, p. 75), "não basta resolver a lide processual – aquilo que é levado pelos advogados ao processo – se os verdadeiros interesses que motivaram as partes a litigar não forem identificados e resolvidos".

Por isso, mesmo tendo ganhado o processo, ela saiu insatisfeita. Sendo assim, em casos como essa, é mais adequado atrelar métodos que também abordem as situações "invisíveis", que não se limitam aos aspectos processuais e que aprofundam os aspectos sentimentais, que resolvem não só a lide processual, mas também a sociológica, chegando, por esse caminho, muito mais perto da pacificação social.

É nessa busca de um caminho que leve à plena satisfação, baseando-se nos fundamentos apresentados pelo movimento de acesso à justiça, com a apresentação das ondas renovatórias, que surgem os meios alternativos de resolução de conflitos.

4.6 Meios adequados de resolução de conflitos

É no contexto da terceira onda de superação dos entraves ao acesso à justiça que nascem os meios alternativos de pacificação social, sendo "todos aqueles que se desenvolvem fora do ambiente do Poder Judiciário e que encontram soluções lícitas" (Bacellar, 2016, p. 37).

Esses meios extrajudiciais recebem diversas nomenclaturas e siglas, conforme a doutrina e o país. No Brasil: *meios* ou *métodos alternativos de solução ou resolução de conflitos* (Masc); *métodos ou meios extrajudiciais de resolução* (Mesc) ou *solução de conflitos ou controvérsias*; *resolução alternativa de conflitos* (RAC); *resolução apropriada de disputas* (RAD). Nos Estados Unidos e na Inglaterra: *alternative dispute resolution* (ADR). Na América Latina: *resoluciones alternativas de disputas* (RAD). E na França: *modes alternatifs de règlement des conflits* (Marc).

Indo além da ideia de ofertar mais opções está a quinta onda renovatória, que traz a necessidade de o método ser adequado ao conflito apresentado, atendendo com especificidade à sua natureza e às suas particularidades. Nesse viés, o meio alternativo não se apresenta necessariamente como uma via alternativa ou oposta ao Poder Judiciário, podendo ser um instrumento complementar. Em outras palavras, os Masc não substituem ou excluem a jurisdição, mas com ela cooperam, podendo ser passíveis de controle judicial ou da utilização do Poder Judiciário para a execução da decisão tomada em sede de meio alternativo (Pantoja; Almeida, 2016).

Assim, essa oposição entre os meios judiciais de solução de conflitos e os meios alternativos não se mostra mais aceitável, especialmente pelo fato de não podermos encarar os Masc como uma solução para os problemas existentes no Poder Judiciário, quer como escape para o número elevado de processos, quer como meio de alcançar aqueles que são excluídos do sistema.

A saída para os entraves do sistema jurídico deve ser alcançada com base nas próprias necessidades do aparelho estatal. Já os meios alternativos devem ser uma opção de solução para os problemas de seus usuários (Almeida Neto, 2016). Quanto às modalidades do Masc fora do âmbito do sistema oficial de resolução de conflitos, há três modelos alternativos: **1) negociação, 2) mediação e 3) arbitragem**. Embora mais comumente inserida no trâmite jurisdicional, a **conciliação** também pode ser considerada um método para a solução da disputa.

Para começarmos a entender cada um desses modelos, vamos encaixá-los, a seguir, nos conceitos já estudados, quanto aos métodos e às formas.

- A **negociação**, a **conciliação** e a **mediação** são meios alternativos que se desenvolvem segundo o **método consensual na forma autocompositiva**:
    - **Negociação** – Os próprios envolvidos no conflito buscam a solução, sem a interferência de um terceiro.
    - **Conciliação** – As partes utilizam um terceiro que as auxilia a chegar a um acordo, podendo sugerir soluções, sendo esse método indicado para as relações descartáveis (pontuais).
    - **Mediação** – Mais indicada para os casos nos quais as partes têm uma relação anterior e utilizam um terceiro para auxiliá-las a restabelecer a comunicação, por meio da compreensão de seus sentimentos e interesses, para que elas próprias possam construir a melhor solução para o conflito.

- A **arbitragem** é um modelo alternativo que se encaixa no **método adversarial, na forma heterocompositiva**:
    - **Arbitragem** – As partes elegem um especialista (árbitro) que conduz o procedimento, podendo haver ou não produção de provas, e ao fim profere uma decisão vinculativa contra a qual as partes não poderão se insurgir.

Relembrando, os **métodos consensuais na forma autocompositiva** se configuram por não haver uma decisão proferida por um terceiro. São as próprias partes que prolatam a decisão, sozinhas (negociação) ou com o auxílio de um terceiro (conciliador ou mediador) para encontrar a solução mais adequada. Assim, os terceiros são apenas catalisadores dos interesses dos envolvidos, imperando a regra da confidencialidade, pois os atos são sigilosos.

A autocomposição é um método de resolução que pode estar inserido tanto dentro do sistema judicial (endoprocessual) como fora (extraprocessual). No modelo público (judiciário), esse método pode coexistir com as vias de solução outorgadas verticalmente pelo Estado-Juiz (como monopólio) e com as estabelecidas horizontalmente pelos litigantes, com o auxílio de um terceiro facilitador do diálogo (Almeida Neto, 2016).

Já os **métodos adversariais na forma heterocompositiva** se caracterizam pelo fato de a decisão ser proferida por um terceiro (juiz ou árbitro) com base em informações, argumentos, provas e pedidos apresentados pelas partes, independentemente da vontade delas, dentro do limite do que foi apresentado. Encaixam-se aqui o **sistema judiciário** (monopólio público-estatal no qual a regra é a publicidade), e, como meio alternativo, a **arbitragem** (confidencial, por meio de uma designação privada).

O Quadro 4.2 sintetiza os métodos e as formas de cada um dos meios alternativos de solução de conflito.

Quadro 4.2 – Meios de solução de conflitos

Meios	Judiciário	Conciliação	Arbitragem	Mediação
Adversarial	X		X	
Consensual		X		X
Heterocompositivo	X		X	
Autocompositivo		X		X
Quem resolve?	Juiz	Partes	Árbitro	Partes

Reforçamos aqui a ideia de não haver meios certos ou errados. Todos têm vantagens e desvantagens que serão exploradas em breve. De maneira mais abrangente, trazemos algumas críticas e alguns benefícios quanto ao uso dos meios alternativos de resolução de conflito, apresentadas por Pantoja e Almeida (2016).

Especialmente com relação aos métodos autocompositivos, os autores alertam que pode haver dificuldade em garantir a igualdade entre as partes, o que pode acarretar um acordo obtido via coação. Eles destacam que nem sempre o consentimento é legítimo, pois uma das partes pode aceitar menos do que o ideal ou o acordo pode não representar o fim do litígio, além do risco de ele não ser cumprido, pois não tem a mesma força de uma sentença judicial. Os autores também apresentam a hipótese em que os Masc não são recomendáveis, especificamente nos conflitos

> I) em que houvesse desequilíbrio de poderes entre as partes;
>
> II) em que as partes não manifestaram seu consentimento legítimo, por estarem envolvidas em relações que interferem na sua livre manifestação de vontade;
>
> III) nos quais a corte devesse continuar supervisionando as partes após o julgamento;
>
> IV) nos quais a justiça necessitasse ser feita – e não somente a composição do litígio;
>
> V) em que houvesse uma exigência social de interpretação legítima das normas legais. (Pantoja; Almeida, 2016, p. 60)

Quanto aos aspectos positivos, Pantoja e Almeida (2016) defendem que, quando realizadas com as técnicas adequadas, a **conciliação**, a **mediação** e a **arbitragem** podem ser mais céleres, menos formais e mais eficazes para a adequada resolução do conflito. Dessa forma, relegam-se ao sistema judiciário apenas os casos que não forem possíveis de serem dirimidos por esses meios, contribuindo para a superação dos entraves quanto ao efetivo acesso à justiça.

Por fim, destacamos que não há hierarquia ou prevalência entre os meios alternativos de resolução de conflitos (Masc), nem entre eles nem em relação ao sistema judicial. "Isto porque, a cada espécie de conflito, corresponde um meio mais adequado para a sua solução" (Pantoja; Almeida, 2016, p. 61). Por essa razão, recentemente, o termo *meios alternativos de resolução de conflitos* foi substituído por *meios adequados de resolução de conflitos*. Uma vez que a escolha do método não deve ser realizada de maneira aleatória entre alternativas possíveis, mas, sim, de forma adequada, escolhendo-se o meio que melhor atenda às peculiaridades do conflito.

Síntese

Neste capítulo, debatemos sobre o funcionamento do sistema judiciário brasileiro e algumas formas de acesso à justiça providas pelo Estado nacional. Muitas vezes, parte da população enfrenta entraves para acessar a justiça, então, para superar essas dificuldades, foram pensadas alternativas em cinco ondas, as quais surgem de acordo com a ideia de ordem jurídica justa, baseada nos princípios da efetividade, da tempestividade e da adequação. Vimos, ainda, que a resolução de conflitos tem métodos consensuais e adversariais, com formas autocompositivas e heterocompositivas. Vimos que há diferença entre a lide processual, que foca a posição (pedido), e a lide sociológica, que foca o interesse (necessidade).

Para saber mais

Filmes

A CONDENAÇÃO. Direção: Tony Goldwyn. Estados Unidos, 2010. 106 min.

Uma mãe trabalhadora começa a cursar Direito para representar o irmão que foi erroneamente condenado por assassinato e esgotou suas chances de apelar pela defensoria pública.

JUSTIÇA (2004). Direção: Maria Augusta Ramos. Brasil, 2004 107 min. Documentário. Disponível em: <https://www.youtube.com/watch?v=qUWZHNWcj7U>. Acesso em: 6 mar. 2020.

TEMPO de matar. Direção: Joel Schumacher. Estados Unidos: Warner Bros., 1996. 149 min.

Em uma cidade do Mississippi, um jovem advogado e seu assistente defendem um homem negro acusado de matar dois homens brancos que estupraram sua filha de 10 anos de idade, incitando retribuição violenta por parte da Ku Klux Klan.

Livros

GORETTI, R. **Mediação e acesso à justiça**. Salvador: JusPodivm, 2017.

A obra aborda a temática do direito fundamental de acesso à justiça, apresentando aspectos teóricos e práticos com ênfase no método da mediação.

Vídeo

ACESSO à justiça: sociologia do direito. 2014. Disponível em: <https://www.youtube.com/watch?v=dsyxMoRs_wc>. Acesso em: 6 mar. 2020.

Questões para revisão

1. Você já foi parte de um processo, já foi autor ou réu ou conhece alguém que já esteve em uma dessas posições? Se sim, identifique nesse caso concreto algum dos entraves apresentados nesse capítulo. Qual? E como ele impactou o resultado?

2. Qual é a diferença entre os termos *métodos alternativos* e *métodos adequados* de solução de conflitos?

3. Assinale com a letra H as características correspondentes às formas heterocompositivas e com a letra A as características correspondentes às formas autocompositivas.

   ( ) Solução dada por um terceiro.
   ( ) Solução encontrada pelas partes.
   ( ) Prestigia a autonomia.
   ( ) Pode ser judicial ou extrajudicial.
   ( ) Foca os interesses e os sentimentos.
   ( ) Decisão é imposta.
   ( ) Visão retrospectiva.
   ( ) Prevalece o interesse público.
   ( ) Compromisso com a mudança cultural.
   ( ) Publicidade.
   ( ) Estabilização.
   ( ) Persuasão.
   ( ) Linguagem acessível.
   ( ) Estabelecimento de culpa.

Assinale a alternativa que apresenta a sequência correta:
a) H, A, H, H, H, H, A, A, A, H, H, A, A, H.
b) A, H, H, A, A, H, H, H, A, A, H, H, A, H.
c) H, A, A, H, H, A, A, H, H, A, H, H, H, A.
d) H, A, A, H, A, H, H, H, A, H, H, A, A, H.
e) H, H, A, H, A, H, H, A, A, H, A, H, A, H.

4. O que configura uma lide sociológica? Marque V para as afirmativas verdadeiras e F para as falsas:

( ) Incide no acirramento de posições, nos pedidos excessivos, na atribuição de culpa e no deslocamento de reais interesses.
( ) É objeto dos métodos consensuais ou autocompositivos.
( ) Foca o interesse.
( ) Está inserida no contexto dos métodos adversariais ou heterocompositivos.
( ) Preocupa-se com as reais necessidades.

Assinale a alternativa que apresenta a sequência correta:
a) F, V, V, F, F.
b) V, V, F, F, F.
c) F, F, V, V, F.
d) V, V, F, F, V.
e) F, V, V, F, V.

5. Assinale com N as características relacionadas à negociação, com C as relacionadas à conciliação e com M as relacionadas à mediação.

( ) Indicada para quando as partes têm um vínculo anterior.
( ) Um terceiro auxilia ativamente as partes a chegar a um acordo.
( ) Não há interferência de terceiros.
( ) Indicada para relações descartáveis.
( ) A solução é construída pelas partes na comunicação estabelecida por um terceiro.

Assinale a alternativa que apresenta a sequência correta:
a) N, N, C, M, C.
b) M, C, N, C, M.
c) N, C, C, M, N.
d) M, N, C, C, M.
e) C, C, N, M, N.

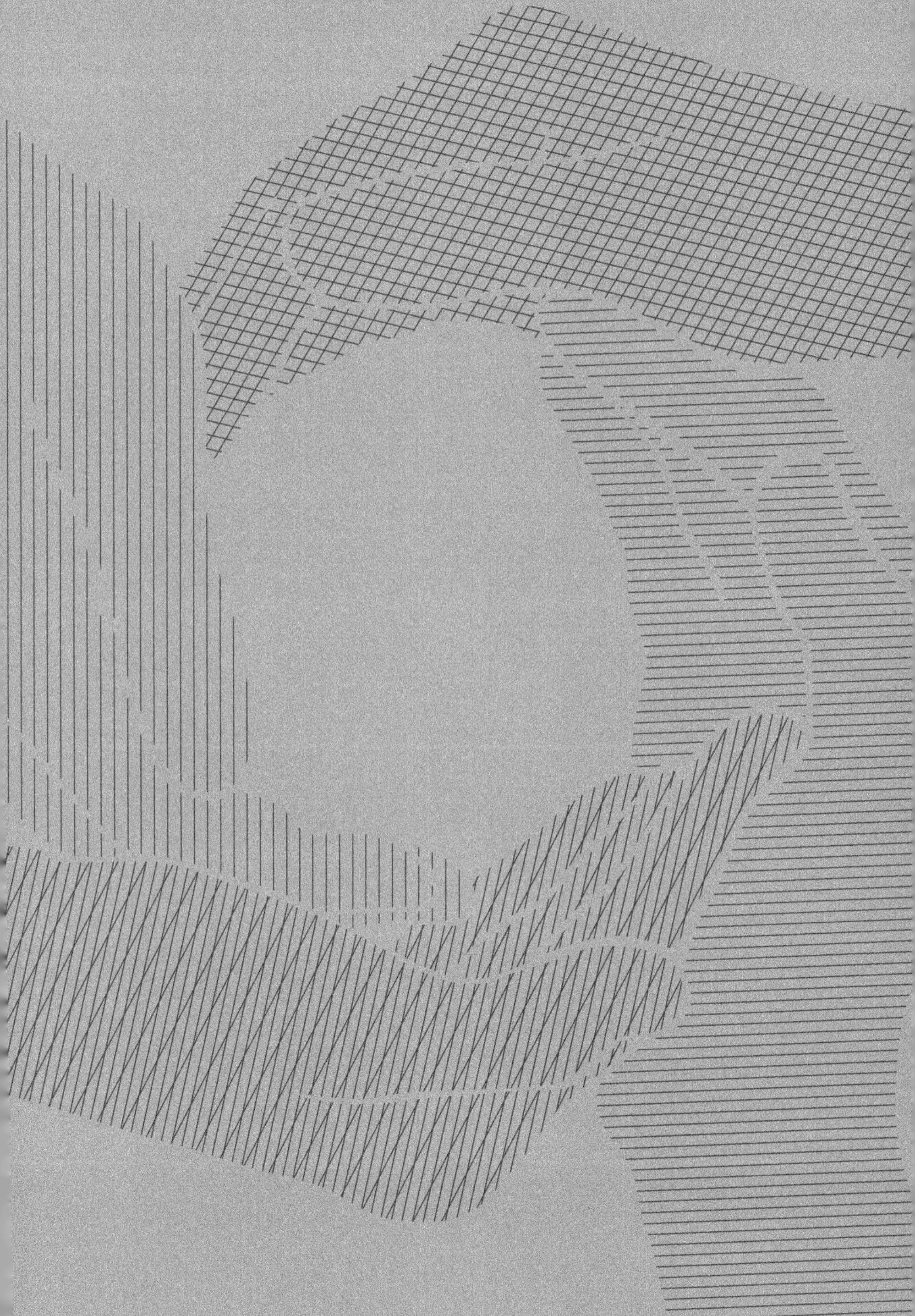

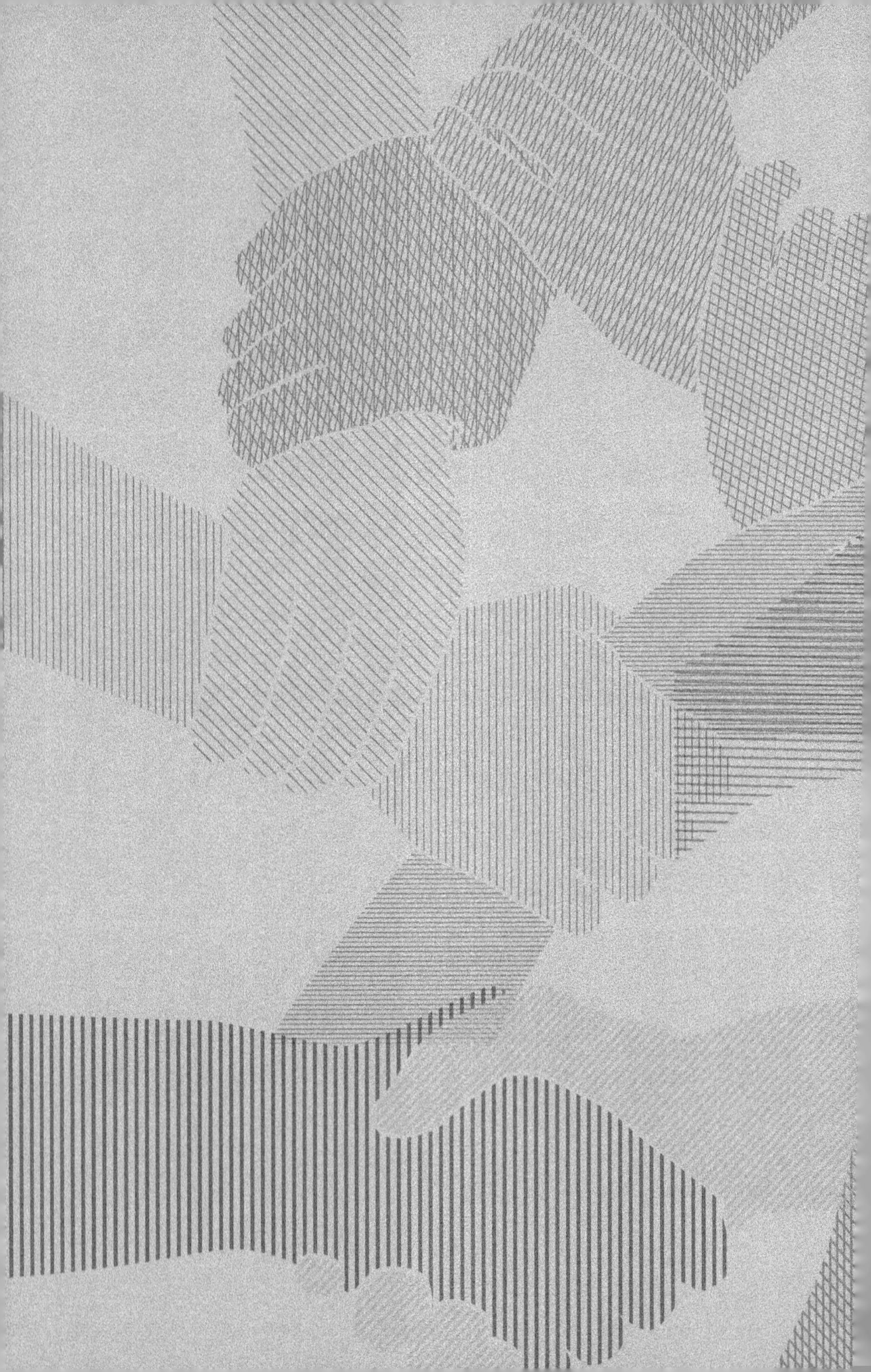

Sistema multiportas

CAPÍTULO 5

Conteúdos do capítulo:

- Sistema multiportas.
- Mecanismos para solução de conflitos.
- Operadores do sistema multiportas.
- Ambiente adequado para a resolução de conflitos.

Após o estudo deste capítulo, você será capaz de:

1. compreender o que é um tribunal multiportas;
2. identificar e selecionar a maneira adequada para a resolução de conflitos;
3. reconhecer o ambiente adequado para outros tipos de resolução.

Como vimos no capítulo anterior, não existem meios melhores ou piores de solucionar o conflito. Para a melhor escolha é necessário mapear o interesse das partes e analisar a situação, ou seja, entender as singularidades do caso concreto para aplicação do método mais apropriado. Dessa forma, o importante no momento de decidir o procedimento é que a escolha deve se adequar ao conflito, e não o contrário (Gabbay; Faleck; Tartuce, 2013).

Voltamos a esclarecer que os Métodos alternativos de solução ou resolução de conflitos (Masc) não descartam o Poder Judiciário; pelo contrário, colaboram com ele, mesmo porque os resultados produzidos por esses meios estão sujeitos a algum tipo de controle judicial (Pantoja; Almeida, 2016). Em boa parte do mundo, os métodos alternativos de pacificação social estão sendo aplicados. Isso só é possível porque as bases do movimento de acesso à justiça foram estudadas e explanadas, resultando em iniciativas culturais e legislativas para fomento e legitimação.

Entre as iniciativas mais antigas e relevantes, os tribunais multiportas, também conhecidos como *fóruns múltiplas portas*, destacam-se. Eles surgiram nos Estados Unidos no fim dos anos 1970 e equivalem a um centro de justiça, no qual o Estado disponibiliza à população o processo judicial tradicional e outras opções adequadas aos inúmeros tipos de litígio.

5.1 Análise do conflito

Os conflitos, como vimos, são comuns nas interações entre as pessoas e as instituições, e suas causas podem envolver aspectos existenciais, psicológicos, filosóficos ou jurídicos, capazes de bloquear a comunicação e impedir um tratamento eficaz para sua solução (Gabbay; Faleck; Tartuce, 2013). Entre os mais variados tipos de conflitos, eles distinguem-se com base em algumas

características como dimensão, intensidade, violência, valor pecuniário, tempo de duração, objetivos.

Quanto à dimensão, o indicador da extensão do conflito é o número de participantes que deles tomam parte. A intensidade pode ser avaliada pelo grau de envolvimento daqueles que participam em sua disponibilidade de resistir até o fim. Já a violência é a ruptura de normas aceitas pelas partes em descumprimento das regras do jogo. No que se refere ao valor pecuniário, nem sempre o montante é proporcional à complexidade.

Quanto ao tempo, o conflito não é estático e pode se prolongar ou até se modificar no curso da resolução. Por fim, quanto aos objetivos, em uma situação de disputa, em tese parte-se do princípio de que são distintos, incompatíveis. Entretanto, essa conclusão pode se demonstrar errônea quando aprofundamos as visões e as percepções de cada um diante do conflito.

No que se refere aos objetivos, é importante retomar a diferença entre os conceitos de **conflito** e **lide**. O conflito reside no campo da percepção de incompatibilidades, sem a necessidade da oposição de objetivos, e até mesmo pode haver identidade entre eles. Já a lide configura uma disputa competitiva e implica oposição de objetivos, trazendo um resultado que adjudica a vitória para um e a derrota para o outro.

Almeida Neto (2016, p. 717-718, grifo nosso) oferece um caso prático que demonstra essa distinção:

> Por exemplo, na divergência de pais sobre a orientação escolar dos filhos: há identidade de objetivos – o melhor rendimento escolar, o melhor aproveitamento dos recursos disponíveis para a educação –, mas há conflito com relação aos meios utilizados para tal. Se não houver clara percepção dos objetivos convergentes, este conflito pode assumir feição negativa, gerando até mesmo competição quando da negociação das diferenças entre esses pais no que tange aos meios que utilizarão para darem conta do objetivo comum. Esse exemplo ajuda a entender a ideia de Morton Deutsch quando afirma que **os conflitos não são construtivos ou destrutivos em si, mas que resultados construtivos ou destrutivos advêm dos meios que**

são utilizados para resolvê-los. Seriam **construtivos** os meios que permitem a compatibilização de interesses/necessidades/valores, reformulam questões frente a impasses, **fortalecem a relação social preexistente**, robustecem o conhecimento mútuo e a empatia, resolvem as questões prospectivamente sem atribuição de culpa. Seriam **destrutivas** as condutas que **enfraquecem ou promovem a ruptura da relação social preexistente, favorecem a escalada do conflito**/discordância, **usam a competitividade** para gerar soluções e acentuam a animosidade.

A ideia nos transporta aos conceitos já estudados de processos construtivos e destrutivos na busca de conhecimento, entendimento e resolução do conflito. Aprofundando um pouco mais o tema, também pode ser visto por outros dois aspectos: aparente e real. O conflito aparente ocorre quando há uma ilusão sobre o verdadeiro motivo da desavença e aquilo que se acredita ser o causador do conflito não reflete a verdade sobre o que está provocando o mal-estar. Por óbvio, no real há compatibilidade entre a teoria e a verdadeira causa do desentendimento (Sales, 2007).

Independentemente do tipo, da espécie ou do aspecto do conflito, sua origem é comum, qual seja, a mudança, real, percebida ou com evidências de que possa ocorrer. É ela que afeta o relacionamento entre as pessoas, conduzindo-as ao conflito. Eventos como nascimento, morte, união, separação, falência e constituição de empresa são exemplos de transformações que carregam vários elementos indutores de conflito entre os envolvidos. A natureza da disputa depende muito dos envolvidos, dos valores sociais, religiosos e políticos, dos relacionamentos interpessoais, compreendendo também as questões relacionadas ao patrimônio e aos direitos pessoais (Fiorelli; Fiorelli; Malhadas Júnior, 2008).

O conhecimento das peculiaridades de cada situação conflituosa é necessário para buscar o meio mais adequado para solucioná-la. Já sabemos que há uma diversidade de métodos para resolução, mas agora precisamos saber como escolher o mais adequado entre eles.

5.2 Escolha do método

O Brasil adota o sistema de Métodos alternativos de solução ou resolução de conflitos (Masc) ou *Alternative dispute resolution* (ADR), como é mais conhecido no direito comparado; isso permite que os envolvidos em uma situação conflitiva tenham uma gama de possibilidades a serem escolhidas. Para que esse sistema seja eficiente, considerando-se as inúmeras feições que uma disputa pode manifestar, como já apresentamos, é necessário que haja uma diversidade de métodos capazes de contemplar diferentes contextos e perfis.

Mas como realizar a escolha de algum desses métodos? Para fazer uma escolha acertada,

> é importante ressaltar que cada mecanismo de solução de conflito deve ser analisado também em suas próprias potencialidades e aptidão para atender aos interesses das pessoas envolvidas e ao tipo de conflito. Assim, ao invés de serem escolhidos apenas como alternativa em virtude de problemas nas demais formas de solução de conflitos, devem ser eleitos por serem os meios mais adequados ao enfrentamento e à solução do caso concreto. (Gabbay; Faleck; Tartuce, 2013, p. 10)

Disso, extraímos uma premissa: a escolha de um meio não deve ser realizada em detrimento de outro, em razão de suas falhas. A opção deve ser feita pelo critério da **adequação**, e não da exclusão. Partindo-se do princípio de que, em tese, não há um método certo ou errado, melhor ou pior, a escolha deve ser feita com base na análise do caso concreto, considerando-se até mesmo a possibilidade de combinações dos métodos.

Gabbay, Faleck e Tartuce (2013) dizem que, para realizar a opção adequada do meio de solução de conflitos, alguns **passos** são necessários, como analisar o conflito, mapear os interesses, definir os critérios, priorizar e optar. E alertam que "é a escolha que deve se adequar ao conflito, e não vice-versa" (Gabbay; Faleck; Tartuce, 2013, p. 11).

Vejamos esses passos

- **1º passo: analisar o conflito** – Vimos que cada situação conflituosa tem suas especificidades e peculiaridades e devemos considerar o contexto (social, econômico e jurídico), as pessoas envolvidas (quais suas relações e seus vínculos), o tempo e a dinâmica evolutiva da disputa.
- **2º passo: mapear interesses** – Identificar os objetivos visíveis (posição, lide processual) e os invisíveis (interesses, lide sociológica) e perceber se há compatibilidade entre as reais necessidades das partes.
- **3º passo: definir critérios** – Para a opção entre os modelos existentes, consensuais ou autocompositivos e adversariais ou heterocompositivos, devemos observar o objetivo dos envolvidos com a solução do conflito e quais são os impedimentos ao consenso e as possibilidades de ultrapassá-los.
- **4º passo: priorizar um dos modelos** – O que traz autonomia quanto ao poder decisório (métodos autocompositivos) ou o que transfere a titularidade do poder decisório a um terceiro (métodos heterocompositivos).
- **5º passo: optar por um dos meios possíveis** – Escolher dentro do método priorizado, considerando-se também a possibilidade de compatibilizar mais de um meio de resolução de conflito.

No que se refere ao 3º passo, Gabbay, Faleck e Tartuce (2013) apresentam Frank Sander e Stephen Goldberg, professores da Harvard Law School, que explanam sobre os dois critérios para o enquadramento do método adequado ao conflito instaurado:

> O primeiro critério para entender qual método é mais adequado são os **objetivos das partes** com a resolução da disputa. (...) são normalmente os seguintes: (i) minimizar custos; (ii) celeridade; (iii) privacidade/confidencialidade; (iv) manter/aprimorar o relacionamento; (v) revanche; (vi) necessidade de obter uma opinião neutra; (vii) precedente; (viii) maximizar/minimizar recuperação. [...]
>
> O segundo critério para avaliar qual é o melhor mecanismo, segundo os autores, diz respeito aos **impedimentos ao acordo e aos meios de ultrapassá-los**. Os autores enumeram os seguintes impedimentos comuns: (i) comunicação falha; (ii) necessidade de expressar

emoções; (iii) diferentes visões dos fatos; (iv) diferentes visões do direito; (v) questões de princípio; (vi) pressões de constituintes; (vii) ligações com outras disputas; (viii) existência de múltiplas partes; (ix) conflitos de agência e (x) "*jackpot syndrome*", ou a síndrome de preferir arriscar para atingir o benefício máximo. (Sander; Goldberg, citados por Gabbay; Faleck; Tartuce, 2013, p. 12, grifo nosso)

Realizados os passos descritos, as partes têm mobilidade para encontrar opções:

- na **esfera pública** (no contexto do Poder Judiciário, como ação judicial, conciliação judicial, mediação judicial) ou na **esfera privada** (nas Câmaras de Mediação e de Arbitragem, nos conselhos, nas assembleias, como negociação, conciliação privada, mediação privada, arbitragem).
- no **âmbito judicial** (dentro da esfera pública, no trâmite de uma demanda, como ação judicial, conciliação judicial, mediação judicial) ou no **âmbito extrajudicial** (dentro da esfera pública, em momento anterior à propositura da demanda, realizado nos Centros Judiciários de Solução de Conflitos e Cidadania (Cejusc) ou dentro da esfera privada, como conciliação extrajudicial, mediação extrajudicial, arbitragem).
- no **método consensual na forma autocompositiva** (na esfera pública, como conciliação judicial, mediação judicial; na esfera privada, como negociação; conciliação privada; mediação privada; no âmbito judicial, como conciliação judicial, mediação judicial; no âmbito extrajudicial, como negociação, conciliação extrajudicial, mediação extrajudicial) ou no **método adversarial na forma heterocompositiva** (na esfera pública, como ação judicial; na esfera privada, como arbitragem; no âmbito judicial, como ação judicial; no âmbito extrajudicial, como arbitragem).

Cada um dos meios tem peculiaridades que podem melhor servir à situação concreta e por isso devem ser ofertados aos interessados para que eles tenham acesso à resolução adequada do conflito, já que "um método não é melhor ou pior do que outro, mas diferente, e deverá ter indicação técnica mais adequada para o caso em análise" (Bacellar, 2016, p. 27). Essa indicação, como mencionado, deve ser realizada por um técnico, um profissional que tenha conhecimento acerca de Masc ou ADR. A atual legislação brasileira, por meio do Novo Código de Processo Civil (Lei n. 13.105, de 16 de março de 2015), traz, no parágrafo 3º, do seu art. 3º, um dever para juízes, advogados, defensores públicos e membros do Ministério Público: "estimularem a conciliação, a mediação e outros métodos de solução consensual de conflitos, inclusive no curso do processo judicial" (Brasil, 2015a).

Isso significa que os operadores do direito precisam conhecer cada um dos meios de resolução para que possam fazer a indicação mais adequada ao caso concreto, estimulando a escolha dos métodos consensuais. Entretanto, outros profissionais que não sejam do meio jurídico, mas que atuem na condição de terceiro facilitador (conciliador ou mediador) ou de julgador (árbitro) também devem ter capacitação ampla quanto aos métodos alternativos de resolução de disputas, para auxiliar os envolvidos no conflito quanto à escolha do meio mais adequado, realizando o diagnóstico nos termos propostos.

Considerando que os sintomas advindos de uma situação conflitiva (estresse, raiva, dores, postura competitiva e até mesmo vingativa) podem surgir ou ser acentuados conforme o método escolhido para abordar o conflito, examinaremos um pouco mais esse fórum de múltiplas portas, também chamado de *sistema multiportas*.

5.3 Sistema multiportas ou fórum de múltiplas portas

O modelo multiportas de solução de conflitos oferece uma integração entre diversos modelos de processamento dos litígios em um único espaço, apresentando não somente uma "porta", que tradicionalmente é o processo judicial, mas múltiplas opções, com a possibilidade de serem judiciais ou extrajudiciais, e que possam se adequar às peculiaridades de cada caso (Mallmann, 2016).

Os tribunais multiportas surgiram nos Estados Unidos, chamados de *Multi-Door Courthouses*, idealizados por Frank Sander, professor emérito da Faculdade de Direito de Harvard, que apresentou o conceito em 1976 na Pound Conference, em St. Paul, Minnesota, a convite do presidente da Suprema Corte dos Estados Unidos.

Em entrevista concedida a uma aluna, a também professora Dra. Mariana Hernandez Crespo, em março de 2008, na Faculdade de Direito de Harvard, Sander contou que o título da palestra proferida foi "Variedades de processamento de conflitos" e que na sequência houve uma publicação dessa apresentação na revista da American Bar Association (ABA), instituição equivalente à Ordem dos Advogados do Brasil, cuja capa estampou uma grande quantidade de portas, representando o que chamaram de *tribunal multiportas*. No entanto, o nome original dado pelo criador era "centro abrangente de justiça" (Crespo, 2012).

Na mesma entrevista, Sander conta que, a princípio, o objetivo era analisar as diferentes formas de resolução de conflitos, como mediação, arbitragem, negociação e *med-arb* (combinação de mediação e arbitragem), examinando cada um dos processos, verificando a possibilidade de encontrar algum tipo de classificação para aplicar aos conflitos e definir quais portas seriam adequadas para cada espécie. Para o criador, "o Tribunal Multiportas é uma simples ideia, cuja execução não é simples, porque decidir que casos devem ir para qual porta não é uma tarefa simples" (Sander, citado por Almeida; Almeida; Crespo, 2012, p. 32).

Sander, citado por Crespo (2012, p. 33) também justificou o porquê de o centro de solução de conflitos estar ligado aos tribunais com uma metáfora muito interessante:

> é mais ou menos como a história de Willie Sutton, o ladrão de bancos, que, quando indagado por que roubava bancos, respondeu: "é lá que está o dinheiro". O tribunal é o lugar onde os casos estão, portanto nada mais natural do que fazer do tribunal uma das portas do Tribunal Multiportas – a ideia é essa. (Sander, citado por Almeida; Almeida; Crespo, 2012, p. 33).

Contudo, ele também reconheceu que o fórum múltiplas portas não necessita estar dentro dos tribunais. Para Oliveira e Spengler (2013, p. 69),

> a principal contribuição de Sander foi a de explorar formas alternativas de tratamento dos conflitos àquela tradicional, afastando o procedimento contraditório litigioso tão criticado por Pound e institucionalizando esses mecanismos alternativos em um centro único de resolução de litígios. O professor também tinha a preocupação de desenvolver um sistema de justiça que fosse mais eficaz em lidar com o conjunto completo de disputas que surgiam perante os tribunais.

Mariana Hernandez Crespo, por sua vez, declara:

> percebi que o Tribunal Multiportas poderia proporcionar aos cidadãos a oportunidade de exercer a participação, escolhendo o processo de resolução de conflitos, e dispondo de novas opções – além das salas de audiências e das medidas de coerção dos tribunais como principais mecanismos para a resolução dos conflitos. (Almeida; Almeida; Crespo, 2012, p. 30)

Para a autora, esse sistema enseja uma mudança de paradigma, já que, até então, o método contencioso, de abordagem adversarial, era o único recurso possível e, a partir desse novo modelo, a situação passou de binária, em que um ganha e o outro perde, para ganhos múltiplos, na qual os interesses de ambas as partes são cuidados. A principal característica desse sistema, para Mallmann (2016, p. 89),

> está no seu procedimento inicial: ao se apresentar perante determinado fórum ou tribunal, a pessoa passa por uma triagem e, com o auxílio de um profissional responsável pelo encaminhamento das ações, verifica-se qual método de resolução de conflito seria mais adequado e recomendável às especificidades do caso e das pessoas envolvidas, de forma a economizar tempo e dinheiro, tanto para os tribunais quanto para os participantes.

Sob essa ótica, em um primeiro momento deve ser realizada uma avaliação por profissionais capacitados, que devem expor às partes interessadas qual instrumento ou "porta" será mais adequado para o conflito apresentado. Esse profissional pode ser um advogado, um facilitador, um conciliador, um árbitro, um promotor ou um juiz. Daí a importância de todos os operadores do direito conhecerem os Masc e o modelo multiportas.

Sander explica que, nos Estados Unidos, há uma lei, vigente em vários estados, que estabelece que os advogados têm o dever ético de avaliar diferentes formas de resolução de conflitos em suas ações. De maneira muito didática ele oferece mais uma comparação muito apropriada:

> é preciso pesquisar várias opções com o cliente, exatamente como um médico faz quando alguém chega com alguma queixa. A pessoa diz: "estou com dor de estômago", e o médico não responde: "bom, vou pegar meu bisturi para fazer a operação". Os médicos precisam apresentar as suas opções: "você pode tomar remédios, ou não fazer nada, ou fazer uma operação". Da mesma forma, os advogados precisam fazer a mesma coisa com os conflitos, o que leva naturalmente a um exame mais detalhado das opções para resolver o conflito. (Almeida; Almeida; Crespo, 2012, p. 35)

Tendo sido realizada uma triagem, como sugere esse modelo, para o conhecimento do conflito e seu encaminhamento ao método mais adequado, pode existir a possibilidade de fatos relevantes e supervenientes, ensejando uma nova avaliação, e, se necessário, o reenvio ao procedimento mais apropriado.

Alguns critérios foram estabelecidos durante a fase experimental do fórum múltiplas portas nos Estados Unidos para que a escolha do mecanismo de resolução de um conflito específico fosse acertada. Mallmann (2016) traz os critérios propostos por Sander para serem analisados durante a triagem:

- natureza e complexidade do conflito.
- relacionamento entre as partes.
- valor do pedido.
- custos envolvidos na resolução da disputa.
- velocidade, considerando-se tanto a urgência na resolução da disputa quanto a necessidade de intervenção.

A partir do momento em que acontece o direcionamento do conflito ao caminho mais adequado, o princípio processual da adaptabilidade se concretiza, uma vez que o procedimento atende às especificidades do litígio (Oliveira; Spengler, 2013). Por isso, Watanabe (2003, p. 9) afirma que

> o preceito constitucional que assegura o acesso à Justiça traz implicitamente o princípio da adequação; não se assegura apenas o acesso à justiça, mas se assegura o acesso para obter uma solução adequada aos conflitos, solução tempestiva, que esteja bem adequada ao tipo de conflito que está sendo levado ao Judiciário.

A partir da promulgação da Constituição Federal de 1988, ampliou-se a ideia de acesso à justiça, pois concerniu ao Poder Judiciário prestar atendimento a uma maior quantidade de demandas (Brasil, 1988). Assim, os operadores do Direito encarregados pela justiça institucionalizada passaram a ter o dever de aumentar as portas de acesso que amparam os interesses da população (Tartuce, 2018). Com o decorrer do tempo, fica mais evidente que o processo judicial, sozinho, é insuficiente para atender a todos os conflitos da sociedade. Portanto, a ideia de buscar a pacificação social só cresce, sendo irrelevante considerar qual meio foi usado para alcançar esse fim – se por atividade estatal ou por outros métodos adequados.

Entretanto, sabemos que a mentalidade predominante entre os operadores do direito e os cidadãos é a que vê na sentença, a decisão adjudicada por um juiz, a forma mais sublime e correta de se fazer justiça. Considerando-se por exemplo, a conciliação e a mediação como métodos alternativos de solução de conflitos, "formas atrasadas e próprias de povos pouco civilizados" (Watanabe, 2012, p. 87).

Isso causa espanto, já que o método heterocompositivo tradicional (decisão por meio da sentença) é limitado à parte do conflito que é apresentada nos autos (lide processual), enquanto as razões que realmente originaram o enfrentamento (lide sociológica) não são consideradas (Mallmann, 2016).

Precisamos considerar que quanto mais métodos dotados de eficiência estiverem disponíveis aos jurisdicionados, mais rápido eles terão uma resposta diante de seus impasses. E a oferta de diferentes mecanismos para a concretização da pacificação social não faz com que se excluam; pelo contrário, os métodos podem e devem interagir entre si (Tartuce, 2018).

O *manual de mediação judicial: 2016* indica qual seria uma das maiores finalidades do sistema multiportas:

> busca-se um ordenamento jurídico processual no qual as características intrínsecas de cada processo são utilizadas para se reduzirem as ineficiências inerentes aos mecanismos de solução de disputas na medida em que se escolhe um processo que permita endereçar da melhor maneira possível a solução da disputa no caso concreto. (Brasil, 2016, p. 39)

Desse modo, no modelo não existe prevalência ou hierarquia entre cada um dos métodos, e a compreensão do sistema de Tribunal Multiportas não propõe limitar a quantidade de "portas". Ao contrário, há um estímulo para que novos meios de resolução de conflitos possam ser criados a todo momento para satisfazer as partes envolvidas e ajudar a desenvolver a justiça com os mecanismos adequados (Mallmann, 2016).

Uma hipótese dessa possibilidade é a advocacia colaborativa. Em um divórcio colaborativo, por exemplo, os envolvidos se propõem a tentar alcançar o acordo sem a necessidade de procurar o judiciário, por via extrajudicial. Esse método exige que os advogados e os ex-cônjuges assinem um acordo de boa-fé e confidencialidade para que haja um comprometimento em trocar informações financeiras completas, propiciando decisões informadas. Os advogados assinam um contrato que os proíbe de representar qualquer das partes caso elas optem por buscar o processo judicial. Ademais, profissionais de outras áreas podem integrar esse tipo de procedimento, como especialistas em finanças, psicólogos, pedagogos etc. (Mallmann, 2016).

A transformação de paradigma, resultante dessa sistematização processual, afeta todos os personagens do direito. Os novos mecanismos autocompositivos se apresentam como menos adversariais e exigem mais criatividade no momento de se aplicarem as ferramentas existentes no ordenamento jurídico. O atendimento

passa a ter mais opções, proporcionando várias maneiras de se resolver um conflito (Azevedo, 2011).
Assim,

> Com a implementação de um sistema multiportas de resolução de conflitos, além de um órgão prolator de sentenças, o Poder Judiciário pode ser visto como um hospital de relações sociais ou, inclusive, um centro de paz. Isso, claro, partindo da premissa de que caberia ao Judiciário estabelecer a política pública de tratamento adequado dos conflitos de interesses resolvidos no seu âmbito – seja por meio heterocompositivo, seja por meios autocompositivos. (Mallmann, 2016, p. 94)

Então, conciliaremos ideias: uma trazida por Mallmann (2016), de que o Poder Judiciário pode ser visto como um hospital de relações sociais, e a outra, apresentada por Sander, quando compara o advogado ao médico que não pode propor uma única opção ao paciente que se apresenta com dor de estômago. Assim, podemos dizer que o cidadão que se encontra em uma situação de conflito (paciente) precisa ter a sua disposição um centro de solução de conflitos (posto médico ou hospital) no qual encontre profissionais devidamente capacitados (médicos e demais agentes da saúde) capazes de analisar e avaliar (diagnosticar) o conflito (doença) e apresentar recursos, métodos, meios e tratamentos possíveis para a solução daquele caso (patologia), dialogando com a parte (paciente) sobre qual seria, diante das características e das circunstâncias apresentadas, o método (remédio ou intervenção) mais adequado.

Para deixarmos ainda mais clara a proposta do modelo multiportas, podemos compará-lo a um cardápio no qual constam variadas opções para saciar a fome do cliente. Nesse caso, as opções são para a pacificação. Seguindo essa linha, mesmo tendo um bom cardápio, com fartura de apetitosas opções, não podemos desprezar a figura do garçom, que conhece profundamente todas elas, sabe quais são seus ingredientes, seu tempo de preparo e o grau de satisfação dos clientes. Por isso, não raras vezes, pedimos a ele uma sugestão. Nesse contexto, falaremos mais sobre os "garçons da pacificação".

5.4 Operadores do sistema multiportas

Chamaremos os "garçons da pacificação" de *operadores do sistema multiportas*. Aqueles que compõem a estrutura humana que deverá realizar o atendimento das partes envolvidas em um conflito, capazes de fazer um estudo analítico da relação existente entre os participantes, do fato conflitivo e das possíveis alternativas para solucioná-lo.

No momento em que o problema é apresentado a esse profissional, ele deve ser apto a analisar todos os aspectos do conflito, considerar o número de envolvidos, a relação entre eles, o tempo de relacionamento e de divergência, o valor monetário resultante ou o objeto da desavença e os desdobramentos possíveis, considerando a hipótese da escalada do conflito. Após o mapeamento do problema apresentado, ele deve ser capaz de apresentar qual modalidade de resolução é mais pertinente ao caso em questão, tendo em vista que ele, em regra, será o primeiro profissional que se deparará com o conflito.

Mas quem é esse profissional? Que formação ele deve ter? Dentro do contexto tradicional de resolução de conflitos, do processo judicial, o que se observa é que a jurisdição resolve os conflitos apenas sob o enfoque legal, levando em conta a extinção do processo e não considerando, na maior parte das vezes, a questão relacional das pessoas (Marodin; Molinari, 2016). Os operadores do direito, na maior parte dos casos, especialmente nos centros judiciais, desempenham esse papel, realizando a triagem dos conflitos. Ocorre, ainda, que grande parte desses profissionais é formada e inserida apenas na lógica adversarial.

Como já vimos, esse sistema oferece uma solução impositiva, isto é, o Estado, por meio de uma ação de imposição, obriga uma das partes a se submeter à ordem expedida por ele. E qual o papel dos operadores do direito nesse modelo? Os advogados são capacitados para "comprar a briga" de seus clientes, estudam os fatos e as possíveis evidências para provar uma razão que leve à vitória de seu representado, mas também avaliam as circunstâncias que possam levar à derrota da parte contrária. Em audiência, comportam-se de maneira combativa e muitas vezes violenta. Chegam até mesmo a tratar o colega advogado da parte adversa de modo hostil.

Já o juiz, terceiro imparcial, é capacitado para rejeitar ou acolher o pedido do autor, atribuindo a razão e a consequente vitória a uma das partes, resultando na derrota da outra. É sob essa vertente que o acadêmico de Direito se debruça durante os 5 anos de sua formação, pois, em regra, até agora, o ensino jurídico no Brasil não procura incentivar estudos aprofundados a respeito dos Masc. Nas grades curriculares dos cursos de Direito, mantém-se a tradição e a cultura do litígio, do sistema adversarial. Por essa razão, o processo judicial é por vezes a opção preferida desses operadores, mesmo com todos os entraves que apresenta (Tartuce, 2018).

A formação romanística do ensino jurídico acaba transmitindo a ideia de que apenas os juízes têm autoridade para deliberar acerca das questões judiciais, causando perplexidade quando outras opções de solução de conflitos são apresentadas. Está enraizado em nossa cultura que apenas o Estado tem o poder de decidir quem está certo e quem está errado (Tartuce, 2018). Nesse sentido, Watanabe (2005, p. 684-690) relata que

> toda ênfase é dada à solução contenciosa e adjudicada dos conflitos de interesses. Ou seja, toda ênfase é dada à solução de conflitos por meio de processo judicial, em que é proferida uma sentença, que constitui a solução imperativa dada pelo representante do Estado. O que se privilegia é a solução pelo critério do "certo ou errado", do "preto ou branco", sem qualquer espaço para a adequação da solução, pelo concurso da vontade das partes, à especificidade do caso concreto.

A esse comportamento está atrelado o costume de delegar a um terceiro a solução de problemas: em casa, chama-se os pais para resolver a briga entre os irmãos; na escola, cabe à professora dirimir a disputa entre os alunos; no condomínio, esse é o papel do síndico; os problemas da cidade são delegados ao prefeito; os do país, ao presidente; e assim por diante. Por conta desse panorama ensinado na academia, os operadores do direito são orientados a utilizar abordagens litigantes ao manejar um embate, desconsiderando os meios consensuais. Isso faz que haja desconfiança entre esses profissionais ao se depararem com técnicas de negociação, por exemplo.

Marodin e Molinari (2016, p. 50) também comentam a postura litigiosa diante dos conflitos:

> Inúmeras referências apontam à nossa cultura como estimuladora do litígio, numa postura de beligerância na resolução dos conflitos. Ao ampliarmos nosso campo de visão, temos que reconhecer que todas as pessoas que vivem inseridas nesta cultura beligerante, são representantes destas formas de resolução de conflitos e tendem a reproduzi-las. Encontraremos diferentes atores externos ao conflito, como familiares, amigos, terapeutas ou advogados que se posicionarão, com maior ou menor intensidade, incentivando este padrão relacional.

Afinal, o desconhecido gera insegurança. Por essa razão, grande parte dos operadores do direito ainda prefere navegar nas marés do sistema adversarial. E esse fato não acontece somente no Brasil, visto que os pesquisadores Leonard Riskin e James Westbrook, citados por Tartuce (2018), afirmam que a falta de intimidade dos advogados norte-americanos com os métodos adequados, por falta de interesse ou de instrução, torna-se um grande obstáculo. Segundo eles, por mais que os tribunais e as escolas de Direito busquem promover métodos diferenciados, há muitos advogados que não sabem o mínimo, como diferenciar mediação de arbitragem (Tartuce, 2018).

Entretanto, precisamos comemorar, pois estão acontecendo avanços em relação a outros mecanismos diferentes do processo contencioso. Diversos cursos jurídicos no Brasil, ainda que de maneira tímida, já começam a implementar em suas grades curriculares disciplinas que abordam outros modelos de solução de conflitos. Mais do que isso, já há o reconhecimento quanto à necessidade da aprendizagem multidisciplinar e da interação com profissionais de outras áreas; afinal, o estudo do conflito não se restringe aos operadores do direito. Psicólogos, assistentes sociais, agentes da saúde, professores, pedagogos, educadores sociais, líderes religiosos, entre tantos profissionais, já começam a integrar o sistema multiportas.

Para que execute de modo eficiente a tarefa para a qual foi designado, o profissional precisa de um treinamento adequado, pois a função de operador do sistema multiportas requer muito mais que características intrínsecas oriundas do perfil de cada um, não dispensando que haja o desenvolvimento de características extrínsecas, as quais deverão ser adquiridas em uma formação específica. Dessa forma, como bem elucida Silva (2016, p. 69),

> A formação é a peça fundamental da profissionalização, pois a percepção do conflito não deve ser restrita a um entendimento meramente binário, como conflitos objetivos ou subjetivos. A prática revela uma infinidade de configurações e essa é a razão pela qual conciliadores e mediadores devem ter formação específica relacionada aos mais diversos conflitos e aos seus respectivos tratamentos.

Sales e Chaves (2014) indicam que a capacitação adequada ajuda a desmistificar a ideia equivocada de que o foco dos métodos alternativos é produzir o maior número possível de acordos e com isso desafogar o judiciário, pois o objetivo principal na solução adequada de conflitos é o fortalecimento de vínculos individuais e coletivos, gerando um sentimento de justiça e de paz.

No que tange ao tratamento dos conflitos, urge considerar a necessidade de uma postura profissional diferenciada. Quem trabalha com esse tipo de situação deve ser dotado de instrumentos que o capacitem a lidar com desafios de (re)organização relacional, de modo que o conflito seja efetiva e eficazmente tratado, contando com elementos interdisciplinares (Tartuce, 2018). Ferramentas como *rapport*, acolhimento, escuta ativa e atenção individualizada passam a ser indispensáveis ao operador que trabalha no contexto do modelo multiportas, independentemente de sua formação original.

Esses profissionais, incluindo o advogado, possivelmente já estão vivenciando esse novo cenário de solução de conflitos, um tanto quanto distante daquilo que lhes foi ensinado em sua construção acadêmica, por meio do surgimento de diferentes metodologias que proporcionam um olhar colaborativo diante do conflito, em que todos podem sair vitoriosos, até mesmo eles (Tartuce, 2018). Nesse sentido, Ruiz (2003, p. 13, grifo do original) apresenta uma visão otimista e esperançosa:

> Quando se trabalha com o ganha/ganha, a energia é positiva, favorecendo os dois lados, criando, também, uma energia positiva para o universo. A aceitação da solução, aqui, é melhor aceita, até mesmo porque são as próprias partes que chegam a esse resultado. Trata-se, nesse caso, de uma autêntica solução **não-adversarial**. Ao que se percebe, a solução de conflitos pelos próprios interessados é o caminho a ser perseguido pelas próximas e futuras gerações, já que se reveste de maior importância, mormente levando-se em conta o aspecto comunicação, diálogo.

Com essa conclusão, podemos resgatar todos os conceitos e todas as abordagens que trabalhamos até aqui e avaliar o que se faz necessário para uma efetiva mudança de paradigma. O que ainda pode ser feito para que tenhamos uma transformação cultural, tanto por parte dos "garçons" quanto por parte dos "clientes" em relação às formas de se enfrentar o conflito, de modo que possamos abandonar aos poucos a lógica do certo/errado e da terceirização, da delegação do poder decisório?

As mudanças, em termos qualitativos, surgirão quando os profissionais, especialmente os operadores do direito, perceberem que, em sua profissão, sua principal função, além de defender e representar o cliente ou decidir pelo cidadão, é ter um posicionamento dentro de um enquadre colaborativo, apresentando todas as possibilidades de resolução e permitindo, assim, que os próprios envolvidos no conflito façam uma escolha consciente quanto ao método que será utilizado.

Nesse sentido, a política pública do fórum múltiplas portas estimula os operadores do direito e os demais profissionais envolvidos a assumir uma postura pacificadora, reduzindo os traços litigantes até mesmo nos processos adjucatórios, incorporando técnicas multidisciplinares que os auxiliam a exercer suas funções e a buscar a paz social (Mallmann, 2016).

5.5 Escolha do ambiente

Além da adequada escolha do método, é preciso atentar-se para a importância do local em que será realizado o procedimento, uma vez que ele pode ocorrer tanto em um ambiente formal ("quase sempre consistente em uma sala com mesas e cadeiras, posições corretas das pessoas em seus lugares e que recomenda observância de algumas regras de vestimenta"), quanto em um informal ("entendido como aquele mais simples, sem pré-requisitos sociais pessoais (...) ou materiais") (Bacellar, 2016, p. 19).
Independentemente do método escolhido, o espaço físico destinado ao encontro dos envolvidos para a tentativa de um acordo ou para a tomada de decisão tem impacto no comportamento de todos. O ambiente pode ser mais acolhedor, com a disposição de móveis para que todos possam se enxergar, com luz natural e cores suaves, ou pode favorecer a disputa, provido de poluição sonora e visual, com cadeiras alocadas umas de frente para as outras, separadas por uma mesa retangular e sem ventilação adequada.
Estudos mostram que um ambiente adequado, também chamado de *justiça new age*, pode favorecer as decisões consensuais. Assim, mesmo havendo a derrota de uma das partes, quando a decisão é tomada por um terceiro, o perdedor acaba agradecido pelo procedimento realizado (Bacellar, 2016).
Entendemos como ideal um ambiente com luz e ventilação naturais, com opções não demarcadas de lugares para as pessoas se sentarem, espaço reservado para a espera das sessões, paredes com cores neutras e proteção acústica contra ruídos externos. Destacamos uma característica que a nosso ver é de suma importância: salas privativas com divisórias capazes de preservar a intimidade do momento em que os envolvidos estão conversando sobre seus conflitos.
Não vemos as características do espaço como um detalhe do sistema multiportas; ao contrário, entendemos que esse modelo deve ser dotado de estrutura física e pessoal adequada para proporcionar

aos envolvidos em um conflito uma oportunidade, com condições apropriadas, para que a divergência possa ser estudada, as partes possam ser ouvidas e o resultado seja o menos danoso – se o ideal não for possível, que haja ao menos a pacificação social.

Síntese

Neste capítulo, retomamos o conceito de conflito, explicando suas principais características e aspectos. Também resgatamos a diferença entre conflito e lide. Após essa revisão, apresentamos o sistema multiportas como um leque de opções para resolver conflitos. Esse sistema foi criado nos Estados Unidos e serve para promover a justiça de formas múltiplas, que devem ser escolhidas pelas partes interessadas com o auxílio de um profissional capacitado.

Entretanto, como vimos, os operadores do direito não são estimulados em sua cultura de estudos para fomentar resoluções de conflitos que sejam relacionadas aos métodos contenciosos já apresentados. Por conta disso, faz-se cada vez mais urgente inserir conteúdos relacionados aos Masc nos cursos de Direito.

Para saber mais

Livros

ALMEIDA, R. A.; ALMEIDA, T.; CRESPO, M. H. **Tribunal Multiportas**: investindo no capital social para maximizar o sistema de solução de conflitos no Brasil. Rio de Janeiro: Ed. da FGV, 2012.

O livro trata dos estudos do professor Frank Sander, criador do sistema multiportas, e faz uma interface com o contexto brasileiro de resolução de conflitos.

MARZINETTI, M. **Justiça Multiportas e o paradoxo do acesso à justiça no Brasil**. Rio de Janeiro: Lumen Juris, 2018.

O autor apresenta um diagnóstico do sistema de justiça brasileiro, demonstrando suas ineficiências e apresentando novas possibilidades oferecidas pelo modelo multiportas.

Vídeos

MP COM VOCÊ – Justiça Multiportas – Hermes Zaneti Junior - 17.02.2017. Disponível em: <https://www.youtube.com/watch?v=1-YQwQyCdaA>. Acesso em: 9 mar. 2020.

SISTEMA multiportas. Cames Brasil, 2018. Disponível em: <https://www.youtube.com/watch?v=xMr2mG0cats>. Acesso em: 9 mar. 2020.

SISTEMA Multiportas no novo CPC (Suzana Cremasco). 2016. Disponível em: <https://www.youtube.com/watch?v=89JMPjeFkmw>. Acesso em: 9 mar. 2020.

Tribunal multiportas. FGV Direito Rio, 2014. Disponível em: <https://www.youtube.com/watch?v=GYqIDsPDT0Q>. Acesso em: 9 mar. 2020.

Questões para revisão

1. Qual é a mudança de paradigma apresentada pelo sistema multiportas?

2. Como você imagina que seria uma formação adequada para o profissional que trabalhará na função de "garçom" do sistema multiportas? Quais áreas do conhecimento e quais aptidões deveriam ser apresentadas e aprimoradas?

3. Marque com C o que corresponde a um conflito e com L o que corresponde a uma lide.

   ( ) Um ganha e outro perde.
   ( ) Disputa competitiva.
   ( ) Possibilidade de identidade entre os objetivos.
   ( ) Percepção de incompatibilidades.
   ( ) Oposição dos objetivos.

Assinale a alternativa que apresenta a sequência correta:
a) L, L, C, C, L.
b) L, C, L, C, L.
c) C, C, L, L, C.
d) L, C, C, L, L.
e) C, L, C, L, L.

4. Ordene os passos necessários para a escolha da opção adequada para a resolução de conflitos:

( ) Priorizar
( ) Mapear interesses
( ) Optar
( ) Analisar o conflito
( ) Definir critérios

Assinale a alternativa que apresenta a sequência correta:
a) 4, 2, 5, 1, 3.
b) 3, 2, 1, 5, 4.
c) 5, 4, 1, 3, 2.
d) 2, 5, 4, 1, 3.
e) 4, 1, 2, 5, 3.

5. Você acredita que o ambiente físico pode influenciar o comportamento humano? De que maneira? Descreva como você imagina um espaço adequado para a análise e a resolução de conflitos.

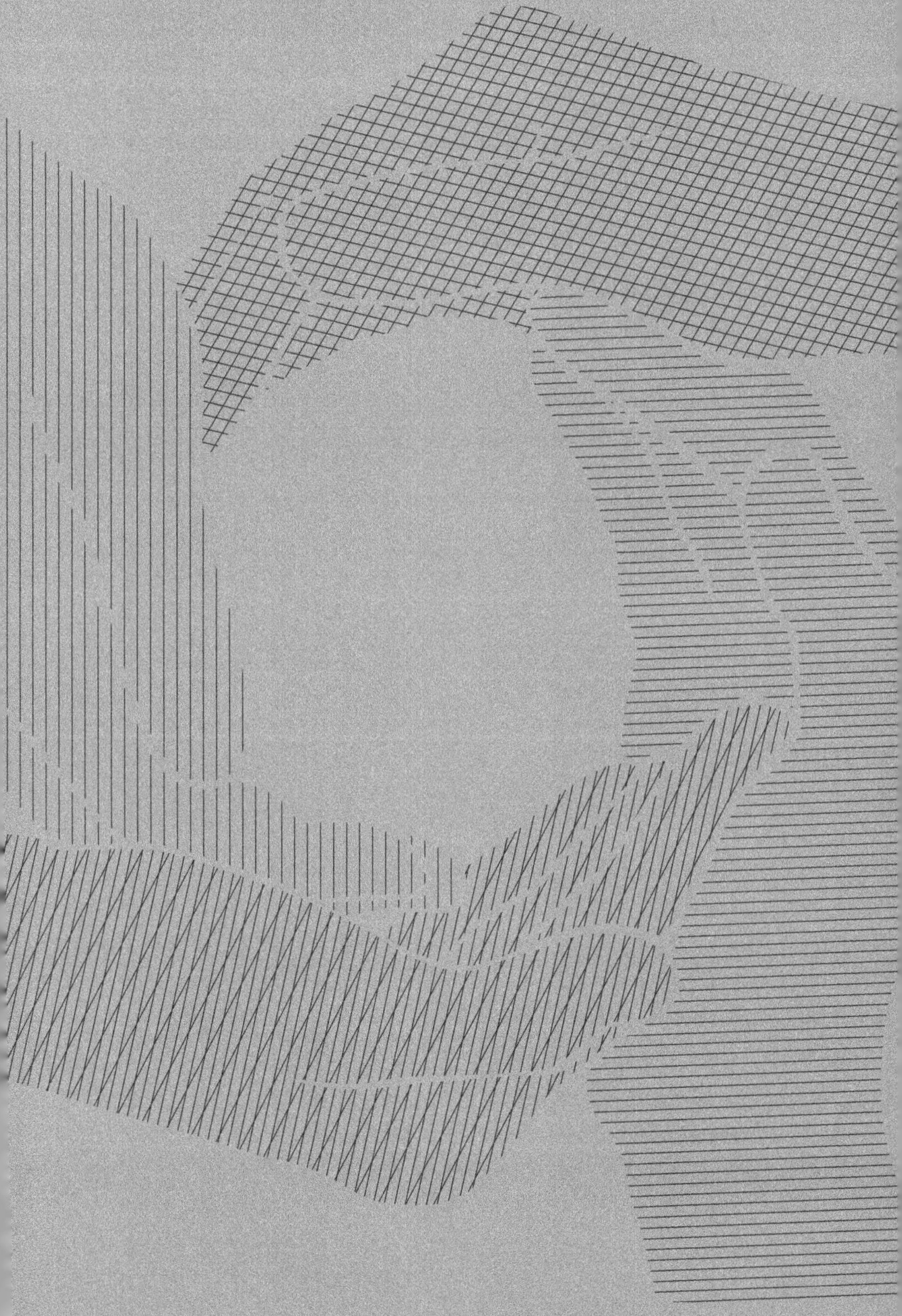

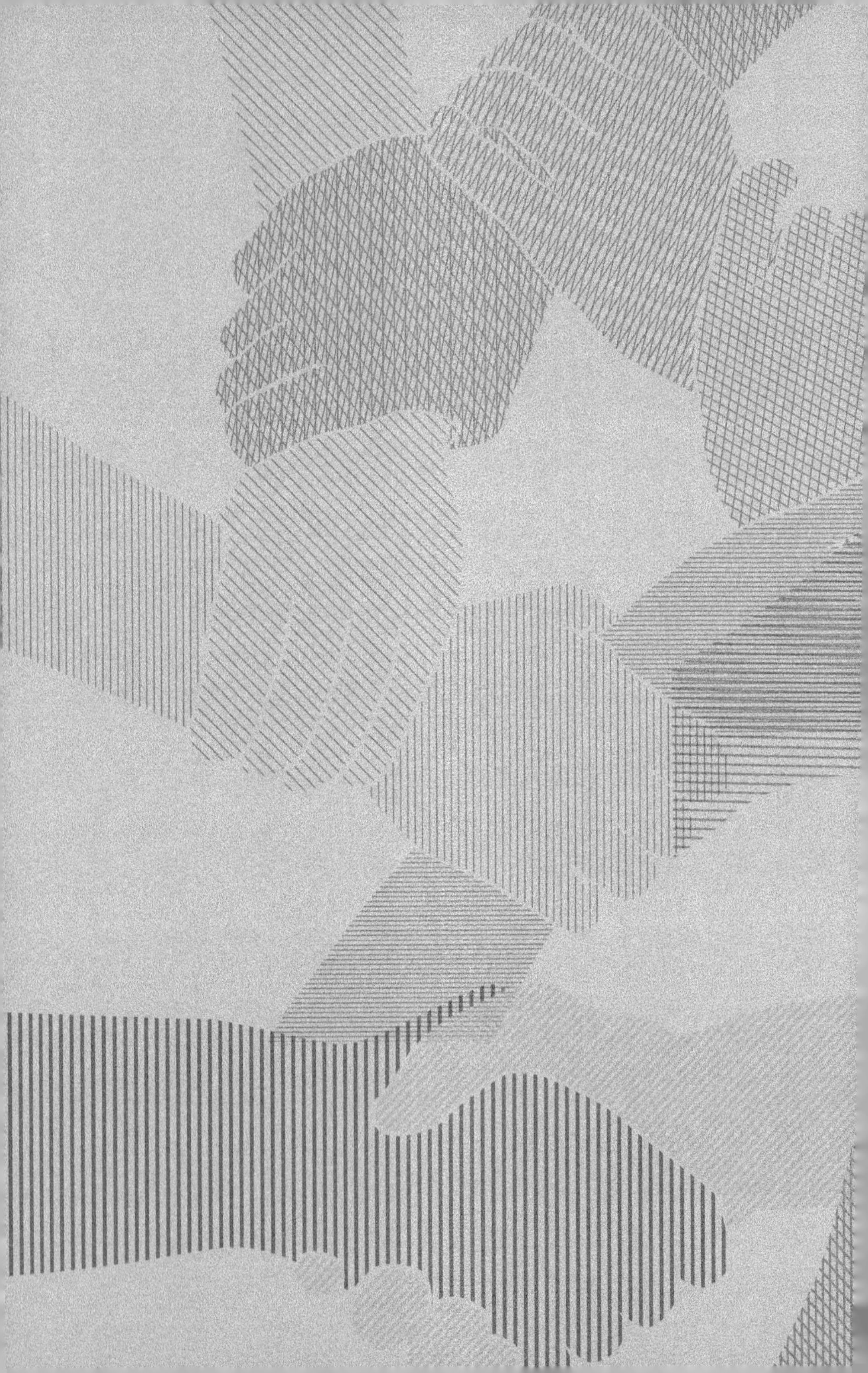

CAPÍTULO 6
Métodos de resolução de conflitos

Conteúdos do capítulo:

- Métodos adversariais heterocompositivos.
- Métodos consensuais autocompositivos.

Após o estudo deste capítulo, você será capaz de:

1. compreender detalhes do funcionamento de métodos adversariais heterocompositivos;
2. reconhecer o funcionamento de métodos consensuais autocompositivos.

No capítulo anterior, analisamos o sistema multiportas e descobrimos que temos variados métodos para resolver conflitos. Vimos, também, que antes de se escolher uma das possíveis portas, precisamos conhecer as peculiaridades do conflito enfrentado, para que a definição possa ser consciente e para que possamos selecionar um método compatível com a situação apresentada.

Agora, nossa proposta é apresentar de maneira objetiva alguns desses métodos. Antes de nos estendermos em alguns deles, que entendemos serem os mais usuais, faremos uma breve abordagem acerca de determinados mecanismos existentes pelo mundo, apresentados por Mallmann (2016, p. 90-92, grifos nossos):

> 1) **Negociação** – diálogo de autocomposição entre os envolvidos, sem a intervenção de um terceiro, com o intuito de convencer a outra parte, podendo ser direto, por um intermediário ou por representação;
>
> 2) **Conciliação** – tem por objetivo a resolução do conflito por meio de um acordo, com o auxílio de um terceiro, o conciliador, que deve ser imparcial e pode sugerir e formular propostas, apontar vantagens e desvantagens no intuito de incentivar a autocomposição;
>
> 3) **Mediação** – procedimento voluntário e confidencial que se dá por intermédio de um terceiro imparcial, que não propõe nem sugere, com o objetivo de facilitar o diálogo de forma produtiva entre os envolvidos, o que possibilita a construção de uma solução satisfatória pelas próprias partes e propicia a identificação do conflito real vivenciado por elas;
>
> 4) **Arbitragem** – consiste na escolha pelas partes de um terceiro, denominado árbitro, independente e imparcial, o qual é responsável por proferir uma decisão equivalente à sentença judicial. Normalmente o árbitro é um especialista em determinada matéria e as partes podem apresentar provas e documentos;
>
> 5) **Avaliação Preliminar Neutra** *(Early Neutral Evaluation)* – caracteriza-se pela intervenção de um terceiro imparcial, especializado e respeitado pelas partes (podendo ser um advogado, juiz ou promotor de justiça), em fase inicial do processo, que fornece a elas um parecer fundamentado. Após esta informação, as partes retornam à negociação e, caso a controvérsia não seja solucionada, a avaliação é

mantida em confidencialidade e o avaliador pode auxiliar as partes a lograr o procedimento de outras formas, inclusive como mediador;

6) **Minijulgamentos** *(Mini-Trials)* – em apresentações sumárias realizadas pelos advogados de cada parte a um painel composto por um conselheiro neutro e executivos, que buscam negociar a resolução da disputa. Se as partes forem incapazes de alcançar um acordo satisfatório, podem solicitar um conselheiro neutro para dar uma previsão do possível resultado do litígio. O procedimento é bastante eficaz em disputas que envolvam empresas de grande porte;

7) *Summary Jury Trial* – trata-se de um procedimento sumário diante do Tribunal do Júri, nos casos em que o julgamento de primeiro grau se faz pelo colegiado popular. O Júri Sumário é uma adaptação do *mini-trial* para os casos em que as partes querem a informação mais direta sobre a reação de um júri, para facilitar um possível acordo. E os jurados geralmente não são informados de que seu papel é consultivo;

8) **Court-Annexed Arbitration** – utiliza arbitragem anexa ao juízo tradicional, ou seja, as partes são incentivadas e encorajadas a participarem da arbitragem como mecanismo de tratamento do conflito;

9) **Med-Arb ou Arb-Med** – as partes anuem em realizar a mediação ou a arbitragem e, quando não obtêm êxito, passa-se a outro procedimento. No processo med-arb a função neutra se dá primeiro como mediador, caso a mediação não apresentar um resultado satisfatório, a mesma pessoa servirá como árbitro, porém, neste caso, emitido decisão. Por sua vez, na arb-med ocorre o contrário, isto é, realiza-se o procedimento da arbitragem, sem, no entanto, anunciar a sentença às partes, e, em seguida, dá-se início à mediação.

10) **Ombudsman** – caracteriza-se por haver uma pessoa nomeada por uma instituição para tutelar seus direitos contra a falta, disfunção, abusos ou retardos desta mesma instituição. Destaca-se que ela não possui o poder de impor uma decisão, nem de anular, revogar, modificar os atos da instituição, porém atua formulando observações e recomendações, buscando a satisfação das reclamações dos interessados;

11) **Adjudicação** – procedimento tradicional no qual o cidadão, possuindo um problema, procura o Poder Estatal/Poder Judiciário e propõe uma ação, através de um advogado, para que um juiz, após colher informações e provas, proferira uma decisão com base na aplicação da lei e na situação fática apresentada. Essa decisão possui efeito coercitivo para os envolvidos.

Podemos verificar o quão vasto pode ser um "cardápio" de mecanismos de solução de conflitos, o que reforça a importância de conhecer essa variedade para que possamos oferecer aos indivíduos em conflito diversas opções.

6.1 Métodos adversariais heterocompositivos

O modelo adversarial de solução de conflitos é aquele em que os envolvidos se sujeitam a uma decisão proferida por um terceiro imparcial, escolhido ou não por eles, passando por um procedimento competitivo, com a lógica da ação e da reação, ou petição e impugnação, podendo utilizar provas para demonstrar suas alegações. Dessas características, destacamos a competitividade, por meio do modelo ganha-perde, no qual, para uma das partes ganhar, a outra precisa perder. Dessa maneira, o objetivo é não só provar o direito, mas também demonstrar a ausência ou a fragilidade do direito do oponente.

Ressaltamos, ainda, a coercibilidade da decisão. Uma vez que o terceiro imparcial colhe as informações sobre a lide e o conflito, viabiliza a produção de provas e analisa argumentos apresentados, e como resultado produz um veredicto (decisão), que adjudica o ganho da causa para uma das partes. Nesse modelo, o desfecho do caso é sempre uma surpresa, pois está nas mãos do julgador.

6.1.1 Abordagem legislativa

Moore (1998) trata a abordagem legislativa como um meio público de resolução de conflitos que usa o recurso da lei. Em regra, é utilizada em casos de grandes disputas, que afetam um número maior de pessoas, por meio de um modelo ganha-perde, como a votação. Os interessados não atuam no processo decisório, pois sua participação se restringe à possibilidade de poder pressionar os legisladores.

6.1.2 Abordagem extralegal

Moore (1998) também apresenta a abordagem extralegal, que não está baseada em um processo socialmente obrigatório ou socialmente aceitável, uma vez que usa meios de coerção mais fortes para persuadir ou forçar a parte contrária a aquiescer sua vontade. Para o autor, a abordagem extralegal tem duas espécies de resolução do conflito: violenta e não violenta.

O **modo violento**, por meio de coerção física, pressupõe o uso de concessões quando o custo para o indivíduo ou para a propriedade do adversário (ou para manter sua posição) for muito alto. Moore (1998) explica que, para que essa violência funcione, é necessário que a pessoa que toma a iniciativa tenha poder suficiente para prejudicar a outra parte.

Em contrapartida, a abordagem extralegal **não violenta** ocorre quando uma pessoa (ou um grupo) se abstém de realizar algum ato, de modo que o adversário se veja obrigado a realizar a ação desejada.

> Estes atos, no entanto, não envolvem coerção física ou violência e são frequentemente concebidas para minimizar, também, danos psicológicos. A ação não-violenta funciona melhor quando as partes precisam confiar uma na outra para seu bem-estar. Quando é este o caso, uma das partes pode obrigar a outra a fazer concessões, recusando-se a cooperar ou cometendo atos indesejáveis. (Moore, 1998, p. 25)

Apresentamos os conceitos de abordagem extralegal violenta e não violenta na concepção de Moore (1998), mas ressaltamos que, no contexto da Cultura de Paz ou da Não Violência há a identificação de ideias no que se refere à confiança; entretanto, a postura de "fazer concessões" por vezes pode ser reconhecida como um ato violento.

6.1.3 Poder Judiciário

O filósofo francês Montesquieu (2010) define a teoria tripartite quanto à separação dos poderes do Estado, dividindo-o em poderes Executivo, Legislativo e Judiciário. A esse último, coube a função de administrar a justiça perante a sociedade, aplicando com independência a lei e impondo sua observância indistinta. Por meio desse poder, o Estado toma para si o encargo de promover a justiça, resolvendo os conflitos de maneira pacífica por meio de processos estruturados legalmente (ritos judiciais), conduzidos por magistrados (em regra concursados), conferindo aos litigantes garantias (como o devido processo legal, o contraditório e a ampla defesa) em um espaço público.

Ao reivindicar para si o monopólio da solução dos conflitos quando havia a irrestrita possibilidade do uso da autotutela ("olho por olho, dente por dente"), o Estado combateu injustiças, evitando o ganho do mais forte (física ou economicamente), entretanto, retirou do cidadão a autonomia para resolver seus próprios conflitos. Além de ter que bater às portas do Estado para ter seu caso solucionado, o cidadão não pode ir sozinho, pois precisa de um representante. Em regra, o jurisdicionado deve estar representado por um advogado, cabendo a esse profissional o papel de transmitir ao juiz a solicitação do requerente.

Dessa maneira,

> O sistema tradicional de justiça [...] se presta a solucionar os conflitos advindos da sociedade da seguinte forma: havendo um litígio entre dois ou mais indivíduos, cada um deve contratar um advogado. Chegando ao Poder Judiciário, as partes apresentam seu pedido (lide) e são tratadas como adversárias, sendo recepcionadas pelo juiz, que se limita a analisar a pretensão apresentada a ele. O cenário da audiência é próprio para a disputa adversarial. A este panorama, nada acolhedor, pode ser acrescentado uma delonga temporal e uma sentença que não satisfaça a nenhuma das partes. Com isso, podemos colher frustração e a criação de um ambiente propício para novos conflitos, que irão resultar em novas demandas judiciais. (Santos, 2015)

Sobre essa judicialização, existem posicionamentos antagônicos, de aspectos sociais, políticos, jurídicos, biológicos, entre outros. Vejamos duas opiniões polarizadas apresentadas por Bacellar (2016, p. 43-44):

> a) é ótima porque permite ao cidadão, em um regime democrático, acessar o Poder Judiciário para fazer valer seus direitos fundamentais, individuais e sociais (judicialização das relações sociais) e para exigir o cumprimento da Constituição pelos demais Poderes da República (judicialização da política);
>
> b) é péssima porque determina uma intervenção indevida do Poder Judiciário na vida dos cidadãos e em suas relações sociais, além de ser nefasta por desenvolver um indevido ativismo judicial e politizar o Poder Judiciário.
>
> [...]
>
> Independentemente do enfoque (positivo ou negativo), a judicialização é uma constatação.
>
> Está efetivamente ocorrendo uma busca por respostas e soluções perante o Poder Judiciário, e o direito tem realmente operado intervenções na vida social das pessoas.

Além dessa crítica, já vimos que o Poder Judiciário também tem vivido há tempos uma crise por não conseguir cumprir seu papel com agilidade e efetividade. Apesar da situação desfavorável, esse modelo de solução de conflito ainda é o único ensinado na maioria dos cursos de graduação de Direito no Brasil, e muito provavelmente, por essa razão, ainda é o mais utilizado.

Não defendemos aqui a abolição do sistema estatal do modo como é posto hoje (processo judicial), pois entendemos que, para determinados casos, ele é o mais adequado. Entretanto, defendemos a diversificação dos modelos abordados nas universidades jurídicas e apresentados aos cidadãos. Assim, passa a ser necessário que

> novas formas e novos métodos de resolução de conflitos possam ser estimulados, a fim de garantir que o Poder Judiciário possa cumprir o seu papel, de maneira eficaz, atuando em causas para as quais é o caminho mais adequado para resolvê-las, estimulando que as restantes sejam solucionadas até mesmo por meios extrajudiciais (Bacellar, 2016, p. 49)

Dessa maneira, reconhecemos a importância e a necessidade do Poder Judiciário, mas alertamos que a existência de outros métodos não se justifica apenas com o pretexto de sanar as mazelas desse meio, a exemplo do excesso de contingente, da escassez de funcionários, do alto custo e da demora de resultados. Os demais sistemas de resolução de conflitos que veremos também precisam ser compreendidos pelo viés da adequação.

6.1.4 Arbitragem

A arbitragem também é um método heterocompositivo, no qual um terceiro imparcial decide o conflito. Um dos principais destaques desse modelo é que esse árbitro pode ser escolhido pelas partes, diferentemente do juiz ou do magistrado.

Para Carmona (2004, p. 21), a arbitragem "é uma técnica para solução de controvérsias por meio da intervenção de uma ou mais pessoas que recebem seus poderes de uma convenção privada, decidindo com base nesta convenção, sem intervenção do Estado, sendo a decisão destinada a assumir eficácia de sentença judicial".

Já Moore (1998, p. 23) apresenta a arbitragem como

> um processo privado em que os procedimentos, e frequentemente o resultado, não estão abertos ao escrutínio público. As pessoas em geral escolhem a arbitragem devido a sua natureza privada e também porque ela é mais informal, menos dispendiosa e mais rápida que um procedimento judicial. Na arbitragem, as partes quase sempre podem escolher seu próprio árbitro ou conselho de árbitros, o que lhes dá mais controle sobre a decisão do que se a terceira parte fosse indicada por uma autoridade ou agência externas.

No Brasil, a arbitragem é regulamentada pela Lei n. 9.307, de 23 de setembro de 1996 (Brasil, 1996). Pela data, constatamos que esse modelo não é novidade em nosso ordenamento jurídico. A legislação impõe que, para o uso desse método, é preciso que as partes sejam capazes e os conflitos sejam disponíveis. Nesse sentido, Gabbay, Faleck e Tartuce (2013, p. 79) respondem a duas importantes questões:

Quem pode levar os casos à arbitragem? Pessoas físicas e jurídicas. No caso das pessoas físicas, devem ser maiores de 18 anos e com capacidade/discernimento para fazer suas escolhas e demonstrar sua livre vontade. Ninguém pode ser obrigado ou coagido a escolher a arbitragem.

Quais conflitos podem ser resolvidos pela arbitragem? A lei de arbitragem fala em conflitos patrimoniais disponíveis, ou seja, conflitos com valor econômico e que as partes possam dispor. Casos criminais (roubo ou homicídio, por exemplo) não podem ser levados à arbitragem, uma vez que as partes não podem dispor acerca da liberdade das pessoas, tutelada pelo Estado. São conflitos indisponíveis e não arbitráveis.

Os casos mais comuns que vão à arbitragem são da área de negócios, decorrentes de contratos celebrados entre as partes ou de responsabilidade civil dos envolvidos.

Embora seja uma espécie de método adversarial heterocompositivo, na arbitragem também está presente uma fase consensual, uma vez que a opção por esse modelo depende do consenso entre os envolvidos no conflito – todas as partes precisam estar de acordo para resolver a desavença. Aqui encontramos presente o princípio da autonomia da vontade, que se concretiza pela **convenção de arbitragem**, também chamada de *cláusula arbitral*: "A cláusula arbitral é aquela que determina que, caso no futuro surja algum conflito entre as partes em relação ao que está sendo por elas contratado, o mesmo será resolvido por arbitragem" (Gabbay; Faleck; Tartuce, 2013, p. 80).

Essa escolha pode se dar antes do surgimento do conflito, por meio de uma **cláusula compromissória** já inserida no contrato, configurando a escolha de um terceiro para dirimir o conflito e a promessa de aceitação quanto ao futuro resultado adjudicado pelo árbitro. Porém, ela também pode ocorrer por meio de um **compromisso arbitral**, um acordo celebrado após o surgimento do conflito, cujos elementos obrigatórios são as partes e o árbitro, o objeto da arbitragem e o local em que será proferida a decisão, conforme determina a Lei n. 9.307/1996 (Brasil, 1996).

Dessa maneira, a opção pela arbitragem traz dois efeitos:

1. Desprezo pela jurisdição ordinária em prol da jurisdição convencional, pois, escolhido esse método, as partes ficam proibidas de acionar o Poder Judiciário, estando vinculadas ao procedimento arbitral;
2. Obrigação de submissão ao juízo arbitral, em que, independentemente da satisfação com o resultado obtido pela arbitragem, as partes ficam a ele vinculadas (Bacellar, 2016).

Então, uma vez existente, a convenção de arbitragem válida implica afastamento do Poder Judiciário (efeito negativo) e firma a competência arbitral (efeito positivo). Quanto ao árbitro, o terceiro que profere a decisão do caso, pode ser qualquer pessoa capaz e que tenha a confiança das partes e por isso tenha sido escolhido por elas, devendo ser observadas as proibições legais, no caso de impedimento e suspeição, hipóteses que maculam a imparcialidade e a independência do julgador; assim, não pode ser amigo, parente, credor ou devedor de um dos envolvidos, por exemplo.

A escolha geralmente se dá pela experiência e pelo conhecimento do árbitro na matéria do conflito. Dessa maneira, ele pode ter qualquer formação, não sendo necessária a jurídica, embora seja preciso interpretar o contrato e aplicar a lei. Ele pode decidir sozinho ou colegiadamente e, havendo mais de um julgador, o painel arbitral sempre será em número ímpar. O árbitro será o juiz de fato e de direito do caso, cuja decisão vinculará as partes e terá os mesmos efeitos de uma sentença proferida pelos órgãos do Poder Judiciário, constituindo título executivo judicial sobre o qual não caberão recursos (Gabbay; Faleck; Tartuce, 2013).

As principais vantagens desse método são a possibilidade de escolha quanto ao julgador, que pode ser tanto pessoa física quanto jurídica, de qualquer área do conhecimento, bastando ser imparcial e independente; a liberdade quanto ao procedimento, podendo as partes escolher as leis que adotarão, até mesmo dispondo quanto a prazos, o que pode resultar em maior celeridade; e a não publicidade desse sistema, preservando as partes do conhecimento por terceiros em relação ao litígio existente, mantendo a imagem dos envolvidos e sua possibilidade de realizar novas contratações, inclusive de participar de licitações.

Já as desvantagens configuram o alto custo financeiro desse procedimento, pois, em regra, resulta em um valor mais elevado do que o sistema tradicional de justiça; a ausência do poder de polícia por parte do árbitro; a impossibilidade de interposição de recursos diante da insatisfação quanto ao teor da decisão; e a vinculação ao método, impossibilitando o acesso ao Poder Judiciário, a não ser em casos de nulidades.

Embora regulamentada por lei há mais de 20 anos, a arbitragem ainda não é um modelo de solução de conflitos de amplo conhecimento por parte da população, sendo também desconhecido de grande parte da comunidade jurídica, uma vez que o ensino desse instituto não está presente na maioria dos cursos de Direito. Contudo, apresenta-se como uma possibilidade alternativa ao Poder Judiciário, com peculiaridades muito atrativas, as quais devem ser consideradas pelo profissional do conflito, aquele que deve ter o mais amplo conhecimento para apresentar às partes todas as opções possíveis e auxiliar na escolha da mais adequada.

6.2 Métodos consensuais autocompositivos

O modelo consensual autocompositivo de solução de conflitos é aquele em que os envolvidos constroem, de maneira conjunta e colaborativa, a decisão e a resposta para seu impasse. Pode haver a participação de um terceiro, estranho ao caso, cujo papel não é de tomada de decisão, mas de facilitação da comunicação.

6.2.1 Panorama histórico

A importância do Poder Judiciário nas conquistas sociais é inegável. Atualmente, devido à maior acessibilidade, o número de demandas propostas se tornou exageradamente desproporcional em relação à estrutura organizacional e humana desse poder, que passou a ser mais lento e ineficaz, criando um novo problema. Diante desse cenário de crise, surgiram outras possibilidades, como o implemento de métodos consensuais de solução de conflitos tanto na esfera judicial quanto na extrajudicial (Santos, 2015). Assim, uma alternativa viável na busca da superação desses entraves são os métodos autocompositivos, por configurarem procedimentos estruturados que propõem uma mudança de paradigma diante do conflito, não o tratando como algo a ser superado, mas sim como uma oportunidade de mudança:

> Esse método confere aos interessados uma nova percepção do problema, ampliando seus pontos de vista e propiciando a troca de perspectivas, gerando, assim, uma solução mais eficaz.
>
> Esse modelo não adversarial, mas autocompositivo, permite uma participação mais efetiva dos envolvidos que passam a ser os protagonistas do processo. Ele confere, ou melhor, devolve, às pessoas a capacidade de elas próprias resolverem seus conflitos. Esta participação conjunta na tomada de decisão requer envolvimento e resulta em maior comprometimento quanto à execução do resultado acordado. (Santos, 2015)

As ferramentas utilizadas por esse método são ancestrais. "Comunidades aborígenes na África, Américas e Oceania também praticam técnicas milenares de resolução de conflitos, que inspiram vários princípios da Mediação" (Maia; Bianchi; Garcez, 2016, p. 45). Entretanto, a incorporação desses métodos no sistema legal é recente, mesmo suas técnicas estando presentes há muito tempo no contexto comunitário. Quanto à mediação, existe registro dela desde 3000 a.C., na Grécia antiga e no Direito Romano, como alternativa possível para as chamadas pequenas causas, já que as mais complexas eram apreciadas pela corte (Nazareth, 2009). Assim, vemos que a mediação tem uma história longa e variada em quase todas as culturas do mundo, porém passou a ter maior expressividade a partir da virada do século XX, conforme explica Moore (1998, p. 34):

Este crescimento deve-se em parte a um reconhecimento mais amplo dos direitos humanos e da dignidade dos indivíduos, à expansão das aspirações pela participação democrática em todos os níveis sociais e políticos, à crença de que um indivíduo tem o direito de participar e de ter o controle das decisões que afetam sua própria vida, a um apoio ético aos acordos particulares e às tendências, em algumas regiões, para maior tolerância à diversidade. A mudança também tem sido motivada pela crescente insatisfação com os processos autoritários de tomada de decisão, acordos impostos que não se ajustam adequadamente aos interesses genuínos das partes, e aos custos cada vez maiores - em dinheiro, tempo, recursos humanos, solidariedade interpessoal e comunitária - de processos adversariais, do tipo ganhador-perdedor de resolução de disputas.

Os modelos autocompositivos também estão presentes nas religiões. Judaísmo, cristianismo e islamismo têm personagens moderadores, além da atuação de religiosos, como rabinos, pastores e padres, como intermediadores de disputas familiares e comunitárias (Maia; Bianchi; Garcez, 2016).

À Europa, a mediação chegou no fim da década de 1970, pela Grã-Bretanha, realizada por advogados, com a primeira associação civil para solução alternativa de conflitos criada em 1989. A França instituiu a mediação como procedimento obrigatório para a propositura de processo judicial em 1995, tendo legislação específica e grandes avanços na área criminal. Já em Portugal, houve avanços significativos em torno de 1993, com a promulgação da primeira lei em 2001, com a finalidade de descongestionar a justiça comum (Nazareth, 2009). Os Estados Unidos são referência no tema mediação, tendo desenvolvido metodologia própria na Universidade de Harvard e incorporado o tema no sistema legal a partir da década de 1970.

A mediação também está presente no continente asiático. Na China, há séculos ela é utilizada, especialmente no ambiente escolar, estando atualmente presente no sistema legal. Na cultura japonesa, o litígio judicial é considerado vergonhoso, então a prática da mediação (autocompositiva) está em consonância com o comportamento oriental (Nazareth, 2009). Na América Latina, os métodos consensuais ganharam força a partir de 1990, com forte influência do modelo norte-americano. A Argentina se destaca por ter sido

o primeiro país da região a promulgar leis específicas sobre esses métodos. A mediação, embora ainda em fase de sedimentação, também está presente no Chile, na Colômbia e no Peru (Maia; Bianchi; Garcez, 2016).
A chegada dos métodos de resolução de conflitos no contexto brasileiro ocorreu de maneira gradativa e lenta. Em 1824, foi previsto um instituto de atuação conciliatória, na Carta Constitucional do Império, decorrente das Ordenações Filipinas. Entretanto, foi só a partir de 1990 que de fato o movimento autocompositivo ganhou força (Maia; Bianchi; Garcez, 2016). Na época, o instituto da mediação era confundido com negociação, intermediação de negócio e até mesmo com arbitragem.
Conforme explica Braga Neto (2012), a entrada da mediação no Brasil, se deu a partir de um movimento em que

> especialistas estrangeiros em seu maior número europeus, americanos e argentinos faziam frequentes visitas ao Brasil para ministrar palestras ou cursos de mediação em distintas partes do território brasileiro. Nestes eventos, os especialistas apresentavam o trabalho que vinham desenvolvendo em seus países, deixando a plateia cada vez mais maravilhada e entusiasmada com o tema. Este entusiasmo levou os participantes destes eventos a se preocuparem com sua capacitação na área, visto que desconheciam profissionais com experiência para aqui desenvolver o instituto.

Quanto a sua positivação no cenário jurídico brasileiro, teve início com o direcionamento dado pelo preâmbulo da Constituição Federal de 1988, ao incluir a solução pacífica das controvérsias com um dos pontos a ser norteado (Brasil, 1988). De maneira expressiva, a conciliação foi prevista na Lei dos Juizados Especiais – Lei n. 9.099, de 26 de setembro de 1995 (Brasil, 1995) –, possibilitando até mesmo ao juiz apresentar às partes as vantagens da conciliação, mostrando-lhes os riscos e as consequências do litígio.
Considerada de vanguarda, para Bacellar (2016, p. 46) "operou-se, por meio dos Juizados Especiais, o resgate das linhas de comunicação entre a população e o juiz. Disso advém uma prestigiação do Poder Judiciário, que volta seus olhos ao povo". Outro marco

significativo da mudança de paradigma quanto aos possíveis modos de solução de conflitos ocorreu com a Resolução n. 125, de 29 de novembro de 2010, do Conselho Nacional de Justiça (CNJ), que instituiu a Política Judiciária Nacional de tratamento adequado dos conflitos de interesses no âmbito do Poder Judiciário (Brasil, 2010a), cujos objetivos são

> I) disseminar a cultura da pacificação social e estimular a prestação de serviços autocompositivos de qualidade (art. 2º);
>
> II) incentivar os tribunais a se organizarem e planejarem programas amplos de autocomposição (art. 4º);
>
> III) reafirmar a função de agente apoiador da implantação de políticas públicas do CNJ (art. 3º.) (Souza, 2016, p. 37-38)

O Poder Judiciário, de maneira pioneira, passou a

> estabelecer política pública de tratamento adequado dos problemas jurídicos e dos conflitos de interesses, que ocorrem em larga e crescente escala na sociedade, de forma a organizar, em âmbito nacional, não somente os serviços prestados nos processos judiciais, como também os que possam sê-lo mediante outros mecanismos de solução de conflitos, em especial dos consensuais, como a mediação e a conciliação; (Brasil, 2010a)

Foi por meio da Resolução n. 125 do CNJ que foram criados os Centros Judiciários de Solução de Conflitos e Cidadania (Cejusc), unidades do Poder Judiciário responsáveis pela realização ou pela gestão das sessões e das audiências de conciliação e de mediação que estivessem a cargo de conciliadores e mediadores, além do atendimento e da orientação ao cidadão.

Cinco anos após, em 2015, houve a edição de duas expressivas leis no âmbito das resoluções dos conflitos, a Lei n. 13.105, de 16 de março de 2015 (Brasil, 2015a), que implementou o novo Código de Processo Civil (CPC), e a Lei n. 13.140, de 26 de junho de 2015 (Brasil, 2015b), que dispôs sobre a mediação entre particulares como meio de solução de controvérsias e sobre a autocomposição de conflitos no âmbito da Administração Pública. Para Oliveira, Pontes e Pelajo (2016, p. 287) "com a edição do novo CPC e da

Lei de Mediação, consagrou-se definitivamente o movimento de transição do paradigma adversarial para a lógica consensual, não apenas em âmbito extrajudicial, mas também na esfera judicial". A Lei n. 13.140/2015, conhecida como Lei da Mediação, expõe um conceito, no parágrafo único do art. 1º: "Considera-se mediação a atividade técnica exercida por terceiro imparcial sem poder decisório, que, escolhido ou aceito pelas partes, as auxilia e estimula a identificar ou desenvolver soluções consensuais para a controvérsia" (Brasil, 2015b). O novo Código de Processo Civil tem uma regra de estímulo ao uso dos métodos consensuais de solução de conflitos no parágrafo 3º de seu art. 3º: "A conciliação, a mediação e outros métodos de solução consensual de conflitos deverão ser estimulados por juízes, advogados, defensores públicos e membros do Ministério Público, inclusive no curso do processo judicial" (Brasil, 2015a).

Os princípios norteadores da conciliação e da mediação também foram positivados nos art. 166 do Código de Processo Civil (Brasil, 2015a) e 2º da Lei de Mediação (Brasil, 2015b). As principais inovações das legislações mencionadas foram:

- designação de sessão de conciliação e mediação já no início do processo – art. 334 do CPC (Brasil, 2015a);
- obrigatoriedade da mediação extrajudicial, havendo previsão contratual – art. 2º, parágrafos 1º e 23 da Lei de Mediação (Brasil, 2015b);
- penalidades nas hipóteses de não comparecimento de uma das partes – art. 334, parágrafo 8º do CPC (Brasil, 2015a) e art. 22, parágrafo 2º, inciso IV da Lei de Mediação (Brasil, 2015b);
- requisitos para a atuação do conciliador e do mediador tanto no âmbito judicial como no extrajudicial – art. 167, do CPC (Brasil, 2015a) e art. 9º e 11 da Lei de Mediação (Brasil, 2015b);
- possibilidades de escolha do facilitador – art. 168, do CPC (Brasil, 2015a) e art. 4º, 9º e 25 da Lei de Mediação (Brasil, 2015b);
- impedimentos para atuação do facilitador – art. 167, parágrafo 5º, do CPC (Brasil, 2015a) e art. 7º da Lei de Mediação (Brasil, 2015b);

※ possibilidade de recebimento de remuneração para o terceiro facilitador – art. 169, parágrafos 1º e 2º do CPC (Brasil, 2015a) e art. 13 da Lei de Mediação (Brasil, 2015b).

Para Nunes (2016, p. 36) "A implantação oficial da mediação no país, como uma política pública séria, demorou décadas e finalmente a lei ajudará a trazer profundas mudanças no Sistema de Justiça e à sociedade brasileira, com novos paradigmas e com o fortalecimento das políticas para a autocomposição dos conflitos".
Nas palavras de Barbosa (2016, p. 37),

> Trata-se, enfim, da humanização do processo por meio do acesso à justiça – compreendida como ordem justa e não o mero acesso ao Judiciário – num espaço protegido, de escuta ativa (atividade do mediador), em que o sujeito de direito toma a palavra, considerando que a palavra é um sistema vivo.

Esse movimento, então, dá início a uma mudança de cultura em relação à visão do conflito e às possibilidades de resolução, especialmente porque empodera as partes, permitindo que elas se tornem as protagonistas nas soluções de seus litígios. Atualmente, o rol dos métodos consensuais autocompositivos é vasto, sendo os mais conhecidos a negociação, a conciliação e a mediação, mas também integram essa categoria as práticas restaurativas, a advocacia colaborativa, as práticas terapêuticas e as constelações familiares, entre outros.

6.2.2 Negociação

A negociação se enquadra na categoria dos métodos consensuais autocompositivos, pois, nela, as próprias partes querem a solução do conflito, buscando satisfazer suas necessidades e seus objetivos por meio do diálogo, tendo como principal relevância a ausência de um terceiro. Assim, não há a intervenção de um julgador, conciliador ou facilitador, pois os próprios interessados se encarregam de buscar uma possível composição para o embate. Ela configura uma atividade cotidiana imprescindível, uma vez que negociamos todos os dias, nos mais diferentes ambientes, como familiar, empresarial, social e comercial.

> A negociação pode ser entendida como a comunicação estabelecida diretamente entre as partes, com avanços e retrocessos, em busca de um acordo. É por excelência, o mais fluído, básico e elementar meio de se resolver controvérsias; é também o menos custoso. As partes, elas mesmas, resolvem a disputa, sem a ajuda de terceiros e sem os gastos decorrentes da inclusão de tais terceiros (Gabbay; Faleck; Tartuce, 2013, p. 19)

Vasconcelos (2017, p. 60) responde de maneira muito didática à seguinte indagação: O que é negociação?

> É o planejamento, a execução e o monitoramento, sem a interferência de terceiros, envolvendo pessoas, problemas e processos, na transformação ou restauração de relações, na solução de disputas ou trocas de interesses. A negociação, em seu sentido técnico, deve estar baseada em princípios. Deve ser cooperativa, pois não tem como objetivo eliminar, excluir ou derrotar a outra parte. Nesse sentido, a negociação (cooperativa), dependendo da natureza da relação interpessoal, pode adotar o modelo integrativo (para relações continuadas e com vistas a ampliar os campos de atuação comum) ou o distributivo (para relações episódicas, quando se busca compartir os bens materiais e imateriais em negociação). Em qualquer circunstância se busca um acordo de ganhos mútuos.

A teoria da negociação, também conhecida como *teoria de Harvard*, deriva de muitos contextos, como direito, psicologia, antropologia, administração, economia e teoria dos jogos e apresenta uma nova visão quanto à figura do negociador, pois ele deixa de agir pela lógica do ganha-perde, na qual se vence por meio da intimidação, para chegar à maior vantagem e ao melhor preço, passando a ser um negociador cooperativo, atento às soluções inovadoras, à criação de valor e à manutenção de relacionamentos, configurando a lógica do ganha-ganha (Gabbay; Faleck; Tartuce, 2013).

Fisher, Ury e Patton (2014) apresentam o modelo de negociação baseada em princípios, desenvolvido pelo Projeto de Negociação de Harvard, no qual negociar é não barganhar com as posições, mas aprender a solucionar conflitos com base nos seguintes métodos:

a. Basear-se em princípios, entendendo que a meta é um resultado que deve ser atingido de modo sensato, eficiente e amigável.
b. Separar as pessoas do problema.
c. Concentrar-se mais nos verdadeiros interesses, e não nas posições;
d. Criar opções que possam ter benefícios mútuos.
e. Investir em critérios objetivos para tratar o conflito.

Geralmente, em uma situação conflitiva, cada um dos interessados defende a própria posição sem considerar outras possibilidades e ataca o outro, restringindo o foco e perdendo, muitas vezes, a visão dos verdadeiros interesses. Nesse caso, na busca de uma solução, as partes acabam realizando barganhas, fazendo concessões, o que impede de chegar a uma satisfação mútua. Então, considerando essa hipótese, Gabbay, Faleck e Tartuce (2013) apresentam seis aspectos que devem estar presentes para que as partes consigam um bom resultado em uma negociação:

1. Um bom acordo deve atender não só aos interesses do negociador, mas também aos da outra parte, a fim de evitar o descumprimento do acordo.
2. Um bom resultado é aquele que não deixa valores serem perdidos na mesa de negociação e que se revela a melhor das diversas opções que surgem e são concebidas.
3. A convenção satisfatória e consistente em critérios, objetivos de justiça ou equidade.
4. A negociação deve ser realizada por meio de uma boa comunicação, o que pressupõe que haja clareza e eficiência.
5. Um bom resultado deve manter um bom relacionamento entre as partes.
6. Um bom acordo deve ser melhor do que o Batna[1] (também conhecido como *no-deal*, que configura o limite para um negociador saber quando deve levantar da mesa).

Assim, mesmo fazendo parte de nosso dia a dia, vemos que a negociação, para que seja satisfatória e efetiva, também depende de uma mudança paradigmática:

---

1 Esta sigla, utilizada também no Brasil, representa a expressão inglesa *best alternative to a negotiated agreement* – cujo significado é a melhor alternativa para o acordo negociado.

A atuação de negociadores como resolvedores de problemas, como proposto pela teoria de Harvard, não é apenas de um conjunto de técnicas ou estratégias. Ela implica mentalidade e orientação novas. Ela propõe que advogados e clientes formem parcerias colaborativas, que as partes se orientem para a criação de valor, minimizando os custos de transação, buscando ativa e criativamente por trocas vantajosas. O objetivo é a busca de soluções que servem aos interesses da parte, mas que levem em consideração as necessidades e interesses legítimos do outro lado. A teoria, por outro lado, é muito consciente dos aspectos distributivos de todas as negociações e sobre como lidar com táticas competitivas encontradas no mercado. De fato, aspectos distributivos existem em todas as negociações e a moldura apresentada dispõe de técnicas efetivas para defletir táticas de jogo pesado (Gabbay; Faleck; Tartuce, 2013, p. 44)

Essas "dicas" são importantes para que os negociadores atuem de forma mais eficaz, possibilitando mais um meio para resolver os conflitos.

6.2.3 Conciliação

A conciliação é um dos métodos consensuais mais difundidos no Brasil, com especial destaque a partir da Constituição Federal de 1988, quando ganhou status constitucional nos termos do art. 98, inciso I, que determinou a criação dos juizados especiais (Brasil, 1988). O fim dela é o alcance de um acordo que resulta na extinção do processo ou do procedimento, e para isso se centra na razão da disputa concretizada na lide processual (posições). Dessa maneira, seu principal alvo não é resolver o conflito em si (interesses e necessidades). Por essa razão, é mais recomendada para conflitos nos quais as partes não tenham um vínculo, um contato contínuo, ou para situações circunstanciais.
Para Bacellar (2016, p. 84-85), a conciliação é definida

> como um processo técnico (não intuitivo), desenvolvido pelo método consensual, na forma autocompositiva, destinado a casos em que não houver relacionamento anterior entre as partes, em que terceiro imparcial, após ouvir seus argumentos, as orienta, auxilia, com

perguntas, propostas e sugestões a encontrar soluções (a partir da lide) que possam atender aos seus interesses e as materializa em um acordo que conduz à extinção do processo judicial.

Esse método consensual autocompositivo tem a atuação de um terceiro, o conciliador, que necessariamente deve ser imparcial e capacitado para exercer a função de orientar o diálogo entre as partes e facilitar a composição, podendo, para tanto, sugerir soluções.

Por essa razão, podemos afirmar que o conciliador não é neutro, na medida em que pode interferir diretamente, dando sugestões, trazendo informações e dados processuais e jurisprudenciais e apresentando sanções para a hipótese de descumprimento do acordo. Assim, podemos dizer que sua postura é mais ativa, pois exerce maior influência; entretanto é mais superficial, pois não aprofunda a relação, já que não investiga as necessidades, os sentimentos e os interesses das partes.

O Código de Processo Civil de 2015 dispõe, no parágrafo 2º do art. 165, que "o conciliador poderá sugerir soluções para o litígio, contudo não poderá se utilizar de qualquer tipo de constrangimento ou intimidação para que as partes conciliem" (Brasil, 2015a). Nesse sentido, Bacellar (2016) indica algumas intervenções possíveis por parte do conciliador, como demonstrar às partes os riscos e as consequências do litígio, podendo alertar sobre a demora no trâmite do processo, considerando as inúmeras possibilidades de interposição de recursos; a imprevisibilidade do resultado proferido pelo juiz, podendo ocasionar a vitória ou a perda de uma das partes; a eventual dificuldade de produção ou de interpretação das provas; e o custo de eventual derrota com contas judiciais e honorários de sucumbência.

Bacellar (2016) apresenta, também, a possibilidade de o conciliador destacar às partes algumas das muitas vantagens da conciliação, como gerar a extinção do processo; propiciar autonomia e independência das partes em relação ao mérito do acordo; analisar as consequências do resultado; desnecessidade de provas; e ausência de ônus, tendo em vista a não sucumbência.

Entendido o funcionamento desse método, vejamos quando ele demonstra ser o mais adequado. O mesmo dispositivo (parágrafo 2º, art. 165 do CPC) enuncia que a conciliação é indicada, preferencialmente, em casos em que não houver vínculo anterior entre as partes, uma vez que esse método não se propõe a trabalhar com interesses, e sim com posições (Brasil, 2015a). Por isso a conciliação é adequada para casos como relação de consumo, relações contratuais pontuais, acidentes de trânsito, contratos bancários, contratos de plano de saúde e relações nas quais não há um vínculo contínuo e sentimental entre as partes. Justamente pela ausência de sentimentos é que esse método é mais objetivo.

Sua meta é extinguir o processo judicial ou o procedimento administrativo instaurado. Assim, almeja-se que o réu reconheça o pedido do autor, que este desista de seu pedido ou, ainda, que o processo se encerre por meio de uma transação. Mesmo prezando pela objetividade, esse método requer técnica e não pode ser confundido com uma simples audiência nem servir exclusivamente como meio de redução de demandas para julgamento pelo juiz (Braga Neto; Sampaio, 2007). Também não se traduz em uma sessão na qual um terceiro indaga às partes se há acordo.

Por essa razão é que o conciliador necessita de uma formação que o capacite a oportunizar às partes um momento de diálogo, mesmo que ele não seja voltado para a obtenção de um acordo, podendo ser, por exemplo, para que possam pensar juntas nas melhores estratégias para a continuidade do processo, para trocarem informações relevantes ou pensarem acerca da produção das provas. Com isso, podemos combater a imagem negativa das sessões de conciliação, pois, em regra, as partes e os advogados a consideram como perda de tempo, ato protelatório ou inútil, o que faz que as pessoas já cheguem ao ato desanimadas e desinteressadas.

Aqui, apresentamos a conciliação com o intuito de demonstrar que ela é um método mais sucinto e raso capaz de gerar satisfação às partes quando o conflito não envolver emoções. Se um dia você estiver na condição de parte, saiba que a conciliação pode ser uma boa oportunidade para a resolução do conflito ou ao menos para troca de informações, pretensões e estratégias, tornando o processo mais célere e produtivo.

6.2.4 Mediação

Fazendo uma recontextualização, a mediação é um método consensual autocompositivo que conta com a atuação de um terceiro (o mediador) no qual se propõe esclarecer as situações advindas do conflito e recuperar a comunicação entre as partes, eliminando seus ruídos, abordando os reais interesses, as necessidades e os sentimentos gerados pelo conflito.

Para Bacellar (2016), a mediação, além de processo, é arte, técnica de resolução de conflitos intermediada por um agente público ou privado (mediador), capacitado, que atua com as partes, buscando dar uma solução pacífica à demanda, fortalecendo suas relações, restabelecendo ou preservando os laços que as vinculam. Já Tartuce (2018, p. 188) conceitua a mediação como "meio consensual de abordagem de controvérsias em que alguém imparcial atua para facilitar a comunicação entre os envolvidos e propiciar que eles possam, a partir da percepção ampliada dos meandros da situação controvertida, protagonizar saídas produtivas para os impasses que os envolvem".

De maneira muito parecida, Almeida e Pantoja (2016) indicam que a mediação é um procedimento de negociação assistida, dirigida por um mediador que atua como terceiro facilitador imparcial, sem poderes decisórios. Sua função é ajudar as partes a restabelecer uma comunicação eficaz e ponderar seus interesses verdadeiros, para que consigam elaborar em coautoria opções de benefícios que sejam capazes de favorecer a relação sob um enfoque prospectivo.

Por sua vez, o conceito legal é encontrado na Lei de Mediação, estabelecendo em seu art. 1º que

> Esta lei dispõe sobre a mediação como meio de solução de controvérsias entre particulares e sobre a autocomposição de conflitos no âmbito da administração pública. Parágrafo único: Considera-se mediação a atividade técnica exercida por terceiro imparcial sem poder decisório, que, escolhido ou aceito pelas partes, as auxilia e estimula a desenvolver soluções consensuais para a controvérsia. (Brasil, 2015b)

Independentemente do conceito utilizado, Almeida e Pantoja (2016) alertam para a importância de contemplar alguns pontos essenciais da mediação, como

1. o protagonismo e a coparticipação dos interessados em encontrar uma solução que satisfaça a ambos;
2. o intermédio do mediador, como pessoa especializada em facilitar a comunicação;
3. os dois propósitos da mediação, direcionados não apenas na solução do problema que deu origem ao processo, mas também no restabelecimento do diálogo, através de uma abordagem ampla do conflito e de um enfoque prospectivo da relação. Esse segundo objetivo, é dotado de um caráter pedagógico, uma vez que ajuda a prevenir a instauração de novos conflitos.

Podemos concluir que o objetivo da mediação é levar os atores da discórdia a construir a própria solução da controvérsia com o auxílio de um facilitador. Para tanto, o método se propõe a desvendar os verdadeiros interesses (lide sociológica) que de regra estão encobertos pelas posições (lide processual). Nesse contexto, a Lei n. 13.140/2015 apresenta como princípios informadores da mediação:

> Art. 2º A mediação será orientada pelos seguintes princípios:
>
> I – imparcialidade do mediador;
>
> II – isonomia entre as partes;
>
> III – oralidade;
>
> IV – informalidade;
>
> V – autonomia da vontade das partes;
>
> VI – busca do consenso;
>
> VII – confidencialidade;
>
> VIII – boa-fé.
>
> § 1º Na hipótese de existir previsão contratual de cláusula de mediação, as partes deverão comparecer à primeira reunião de mediação.
>
> § 2º Ninguém será obrigado a permanecer em procedimento de mediação. (Brasil, 2015b)

Além da Lei de Mediação, o Código de Processo Civil traz os princípios norteadores da conciliação e da mediação:

> Art. 166. A conciliação e a mediação são informadas pelos princípios da independência, da imparcialidade, da autonomia da vontade, da confidencialidade, da oralidade, da informalidade e da decisão informada.
>
> § 1º A confidencialidade estende-se a todas as informações produzidas no curso do procedimento, cujo teor não poderá ser utilizado para fim diverso daquele previsto por expressa deliberação das partes.
>
> § 2º Em razão do dever de sigilo, inerente às suas funções, o conciliador e o mediador, assim como os membros de suas equipes, não poderão divulgar ou depor acerca de fatos ou elementos oriundos da conciliação ou da mediação.
>
> § 3º Admite-se a aplicação de técnicas negociais, com o objetivo de proporcionar ambiente favorável à autocomposição.
>
> § 4º A mediação e a conciliação serão regidas conforme a livre autonomia dos interessados, inclusive no que diz respeito à definição das regras procedimentais. (Brasil, 2015a)

Analisando tais princípios, vemos que a mediação é um método de solução de conflito voluntário, do qual ninguém pode ser obrigado a participar. Ressaltamos que, nos termos dessa mesma legislação, uma parte pode ser obrigada a comparecer à sessão de mediação, entretanto não pode ser forçada a permanecer no ato, podendo se retirar a qualquer momento – Lei de Mediação, art. 2º, parágrafo 2º: "Ninguém será obrigado a permanecer em procedimento de mediação" (Brasil, 2015b).

Atrelado a esses princípios está o da autonomia da vontade, que confere liberdade ao indivíduo plenamente capaz para optar pela mediação e construir sua própria decisão. Assim, nesse método, as partes passam a ser protagonistas. Já a decisão informada é um princípio ligado à autonomia, o qual também está presente no anexo III, art. 1º, inciso II, da Resolução n. 125/2010 do CNJ (Brasil, 2010a), diretriz que estabelece que é responsabilidade do mediador comunicar às partes a respeito dos direitos de que dispõem e explicar o contexto em que elas estão inseridas (Tartuce, 2018). Também destacamos que não existe um trâmite definido para o procedimento da mediação, não há uma metodologia única, podendo o mediador utilizar diversas ferramentas, conforme sua conveniência, diante do caso e do perfil dos mediandos. Contudo, ressaltamos que informalidade não é sinônimo de falta de critérios, tampouco de disciplina. Para que haja eficiência na interação do facilitador com as partes, ele deve contar com a adesão dos mediandos quando for estabelecer uma regra de comunicação (Gabbay; Faleck; Tartuce, 2013).

A informalidade está conectada com outro importante norteador da mediação, a independência. Essa diretriz assegura que a atuação dos facilitadores deve estar pautada em liberdade e em autonomia. Na condução do procedimento, os mediadores não estão subordinados nem podem sofrer qualquer tipo de influência externa (Tartuce, 2018). No que diz respeito à oralidade, cabe ao mediador oportunizar a conversa entre os mediandos, promover o debate e estimular o entendimento do ponto de vista alheio acerca da situação controvertida. Essa compreensão mútua vai sendo conquistada com o decorrer das sessões, muitas vezes imperceptível devido às falhas de comunicação decorrentes de um estado conflituoso.

A mediação também é regida pela imparcialidade. Tanto nos meios consensuais como nos adversariais, a imparcialidade é imperiosa, estando todos sujeitos às regras de impedimento e de suspeição. Para conduzir uma causa, o terceiro precisa ser totalmente estranho aos interesses colocados pelas partes, além de não ser permitido nenhum tipo de vínculo pessoal com nenhuma delas, configurando credibilidade (Tartuce, 2018).

O princípio da imparcialidade impõe que o mediador não tome partido. Contudo, está intrinsecamente ligado ao ser humano realizar julgamentos, o que torna inviável o afastamento completo de crenças e de ideologias diante de um caso. No momento em que as partes estão relatando suas versões ao mediador, é natural que ele faça juízos de valor, considerando mais justa a pretensão de uma ou de outra. Nisso não há problema, pois entende-se que é um comportamento natural, e não se espera de um indivíduo a isenção total de julgamentos. Ainda assim, a conduta do profissional deve estar pautada em uma diretriz que estabeleça a equidistância entre os envolvidos (Almeida; Paiva, 2016). Por isso, cabe ao mediador saber separar o que de fato se configura juízo de valor e o que faz parte de seu mapa mental e não pode ser usado em sua atuação das informações que as próprias partes trazem.

Quanto ao princípio da cooperação, que exige de todos os envolvidos uma postura colaborativa, o Código de Processo Civil o considera como uma norma fundamental, nos termos de seu art. 6º: "todos os sujeitos do processo devem cooperar entre si para que se obtenha, em tempo razoável, decisão de mérito justa e efetiva" (Brasil, 2015a).

É comum que, no início do procedimento, os mediandos carreguem sentimentos negativos, ressentimentos, raiva e ira, não acreditando na parte contrária para efetuar algum combinado. Porém, à medida que o tempo passa, a irritação e o acirramento tendem a diminuir, o que pode levar as partes a revisar seus posicionamentos e se permitir escutar o outro, para que possam resolver suas pendências – assim, exige-se das partes boa-fé (Tartuce, 2018).

Entende-se que o princípio da confidencialidade também é de grande valor para os métodos autocompositivos, pois garante que as partes possam se manifestar de maneira segura, uma vez que nenhuma de suas expressões, feitas na via consensual, pode ser utilizada em outro procedimento ou processo. O dever de sigilo também se aplica ao mediador, razão pela qual ele não pode atuar na condição de testemunha.

Finalizando, o princípio da isonomia estabelece a igualdade de oportunidades entre os participantes, possibilitando as mesmas condições de manifestação. Isso determina que o facilitador respeite os diferentes perfis dos mediandos sem deslizar em preconceitos (Gabbay; Faleck; Tartuce, 2013).

Diante disso, podemos concluir que o método da mediação é indicado para os conflitos de relações continuadas, em demandas cujas partes tenham um relacionamento contínuo, sendo adequado para tratar situações mais complexas, seja por configurar uma relação de vários vínculos, seja por estarem presentes emoções e sentimentos. Assim, seu contexto de aplicabilidade pode ser familiar, comunitário (que considere o meio ambiente), comercial ou mesmo contratual. Como se vê, são inúmeras as áreas em que a mediação pode ser utilizada, pois ela transita por quase todas as possíveis relações em uma sociedade, portanto se torna uma excelente ferramenta para a ampliação do acesso à justiça.

Para fins de distinção quanto ao método da conciliação, esclarecemos que o mediador atua de modo mais sutil do que o conciliador, pois não sugere solução, apenas age de maneira mais aprofundada, visto que investiga os reais interesses, as necessidades e os sentimentos advindos do conflito. Então, teríamos como exemplos para uma possível adequação da mediação: processos de dissolução do casamento ou de união estável, disputa pela guarda dos filhos, dissolução de sociedade empresarial, relações de vizinhança ou condominiais, entre outras que necessitem de restabelecimento da comunicação.

Ocorre que, para a escolha dessa porta, faz-se necessário, além do conhecimento quanto a sua existência, uma mudança de paradigma, de postura social e cultural, pois exige-se do próprio conflitante um esforço para a solução do caso e que sua atitude seja colaborativa.

Reverberando sobre essa necessária mudança de mentalidade, Almeida (1999) entende que "a Mediação, por todas as suas características, mostra-se coerente com os paradigmas desta virada de milênio e imprescindível como recurso de governabilidade, administração e negociação, nos mais distintos âmbitos da convivência social". O autor acrescenta, ainda, que a introdução da mediação na formação dos indivíduos nas escolas e nas universidades certamente mudará o cenário da resolução de conflitos no futuro e contribuirá para a formação de sujeitos mais sensíveis ao diálogo e à convivência harmônica com a pluralidade de divergências inerentes à natureza humana (Almeida, 1999).

6.2.5 Práticas restaurativas

As práticas restaurativas trabalham inicialmente com os conflitos provenientes do cometimento de um dano, sendo resultantes, em grande parte dos casos, de atuações agressivas envolvendo vítima e ofensor. Mais recentemente, expandiram suas abordagens e seus princípios para os aspectos violentos da convivência do dia a dia. Para Brancher (2014, p. 109), a prática restaurativa

> compreende a utilização de diferentes metodologias de estruturação e promoção de encontros entre as partes envolvidas, objetivando a facilitação do diálogo, a superação de conflitos e a resolução de problemas de forma consensual e colaborativa. Diferentes metodologias podem ser escolhidas e utilizadas segundo as circunstâncias do caso, objetivando proporcionar um ambiente seguro e protegido para o enfrentamento das questões propostas.

De acordo com Salmaso (2016), a justiça restaurativa tem como objetivo a mudança no padrão de convívio dos indivíduos, com a intenção de que as pessoas se sintam responsáveis pelas mudanças da sociedade, prevenindo e evitando violências e gerando uma perspectiva de corresponsabilidade entre infrator e vítima. Esse método traz a importância de trabalhar as responsabilidades coletivas e individuais para tornar as pessoas melhores.

Assim, seu foco é a restauração, e não a punição, trabalhando com os danos e as consequências causadas. Essa prática está voltada à responsabilidade, à igualdade, à ética e ao diálogo. Zehr (2012, p. 49) explica a justiça restaurativa como

> um processo para envolver, tanto quanto possível, todos aqueles que têm interesse numa ofensa ou dano específico, num processo que coletivamente identifica e trata os danos, necessidades e obrigações decorrentes da ofensa, a fim de restabelecer as pessoas e endireitar as coisas na medida do possível.

No Brasil, a aplicabilidade da justiça restaurativa teve início, oficialmente, em 2004, com o projeto Implementando Práticas Restaurativas no Sistema de Justiça Brasileiro, elaborado pela

Secretaria da Reforma do Judiciário. No entanto, só passou a integrar a agenda oficial do Poder Judiciário em 2014, quando o CNJ assinou um termo de cooperação com a Associação dos Magistrados do Brasil e outras instituições para que a prática fosse difundida em todo o país. Desde então, o CNJ passou a priorizar essa modalidade de solução de conflitos, o que resultou na edição da Resolução n. 225, de 31 de maio de 2016 (Brasil, 2016b).
Tal Resolução define, em seu art. 1º, que a justiça restaurativa se compõe de "um conjunto ordenado e sistêmico de princípios, métodos, técnicas e atividades próprias, que visa a conscientização sobre os valores relacionais, institucionais e sociais motivadores de conflitos e violência (Brasil, 2016b)." Além disso, dispõe, no inciso I do parágrafo 1º, que para os conflitos serem resolvidos no âmbito da justiça restaurativa é necessária a participação do ofensor, da vítima, de suas famílias, dos demais envolvidos e da comunidade (Brasil, 2016b). Indica, também, a necessidade de haver um facilitador nas práticas restaurativas, que é uma pessoa capacitada "em técnicas autocompositivas e consensuais de resolução de conflitos próprias da Justiça Restaurativa" (Brasil, 2016b).

A resolução também explica que o foco dessas práticas deve ser a satisfação das necessidades de todos os envolvidos, a responsabilização dos que contribuíram direta ou indiretamente para a prática do ato danoso, o empoderamento da comunidade, a reparação do dano e a "recomposição do tecido social rompido pelo conflito" (Brasil, 2016b). A resolução aponta, em seu art. 2º, os princípios que orientam a justiça restaurativa:

> Art. 2º São princípios que orientam a Justiça Restaurativa: a corresponsabilidade, a reparação dos danos, o atendimento às necessidades de todos os envolvidos, a informalidade, a voluntariedade, a imparcialidade, a participação, o empoderamento, a consensualidade, a confidencialidade, a celeridade e a urbanidade. (Brasil, 2016b)

Uma vez que as práticas restaurativas compõem o rol dos métodos consensuais autocompositivos, já sabemos que a solução do caso será dada pelos próprios participantes, mas qual será a principal diferença desse método para os demais? Na **negociação**, não há intervenção de um terceiro; na **conciliação**, um terceiro intervém, podendo emitir palpites e sugerir soluções, sendo que o foco está na resolução do processo; na **mediação**, também há a intervenção de um terceiro, que auxilia no restabelecimento da comunicação, investigando os reais interesses, as necessidades e os sentimentos advindos do conflito, focando as relações e permitindo que as próprias partes possam construir sozinhas a solução do caso. Já nas **práticas restaurativas**, também há a intervenção de um terceiro, que facilita a reparação de um dano cometido por meio do reconhecimento do dano causado, da autorresponsabilização e da participação de todos os envolvidos, além de integrantes da comunidade, buscando atender às necessidades de todos os membros.

Assim, podemos concluir a existência de uma escalada progressiva entre esses métodos. Invocando mais uma vez a imagem do *iceberg* (Figura 4.2), podemos afirmar que eles estão, em ordem de profundidade, do mais superficial ao mais imerso.

As práticas restaurativas são mais adequadas para os casos em que existe uma relação entre o ofensor e o ofendido, de vínculo continuado ou de forte emoção, na qual o primeiro reconhece o dano causado e aceita participar ativamente de seu processo de responsabilização, contando, para isso, com a participação da vítima, que poderá expressar seus reais prejuízos e sentimentos, e da comunidade, que também foi atingida pelo evento danoso.

Síntese

Neste capítulo, vimos os métodos adversariais heterocompositivos e os métodos consensuais autocompositivos. Dos primeiros, o mais realizado no Brasil é o judicial, seguido da arbitragem, enquanto, dos segundos, merecem destaque a negociação, a conciliação e a mediação.

Para abordar os métodos consensuais autocompositivos, exploramos o histórico do tema, afirmando sua visibilidade em todo o mundo no decorrer dos anos. Na sequência, vimos as principais características e os princípios dos métodos abordados.

Para saber mais

Livros

AZEVEDO, A. G. (Org.). **Manual de mediação judicial**. 6. ed. Brasília: CNJ, 2016.

O manual, produzido pelo Conselho Nacional de Justiça, é esclarecedor e didático na abordagem de temas como conflito e métodos autocompositivos, fazendo conexão com o sistema de justiça do Brasil. A leitura é fundamental para curiosos e estudiosos da mediação, sendo a base bibliográfica do curso de formação de mediadores judiciais.

CRUZ, F. B. da. (Coord.). **Justiça restaurativa**: horizontes a partir da Resolução CNJ 225. Brasília: CNJ, 2016.

Esse livro foi coordenado pelo secretário-geral do Conselho Nacional de Justiça de 2014 a 2016, Fabrício Bittencourt da Cruz, com o objetivo de apresentar a justiça restaurativa com base em uma concepção ampla, em todo seu potencial transformador social. Para isso, reúne artigos de diversos autores, apresentando teorias e práticas restaurativas realizadas no Brasil.

Vídeos

A LOCATÁRIA: uma mediação simulada. Nupemec TJRS, [S.d.]. Disponível em: <https://www.youtube.com/watch?v=EcVvx0vr7Yk>. Acesso em: 10 mar. 2020.

A OFICINA. Direção: André Gomma de Azevedo. Brasil: Ministério da Justiça, 2014. 64 min. Disponível em: <https://www.youtube.com/watch?v=NJ7nCCJp9SM>. Acesso em: 10 mar. 2020.

Questões para revisão

1. Qual é a principal distinção entre os métodos adversariais heterocompositivos e os consensuais autocompositivos?

2. Descreva situações práticas que melhor se adéquem ao método da conciliação e ao método da mediação.

3. Assinale com H os métodos adversariais heterocompositivos e com A os métodos consensuais autocompositivos.

   ( ) Abordagem legislativa.
   ( ) Mediação.
   ( ) Conciliação.
   ( ) Poder Judiciário.
   ( ) Arbitragem.
   ( ) Abordagem extralegal.
   ( ) Negociação.

   Assinale a alternativa que apresenta a sequência correta:
   a) H, H, A, A, H, A, H.
   b) H, A, A, H, H, H, A.
   c) H, H, A, H, A, H, A.
   d) H, A, A, A, H, A, A.
   e) A, A, A, H, H, H, A.

4. Indique dois princípios da mediação que despertaram sua atenção e descreva-os.

5. As práticas restaurativas propõem a troca de qual lente?

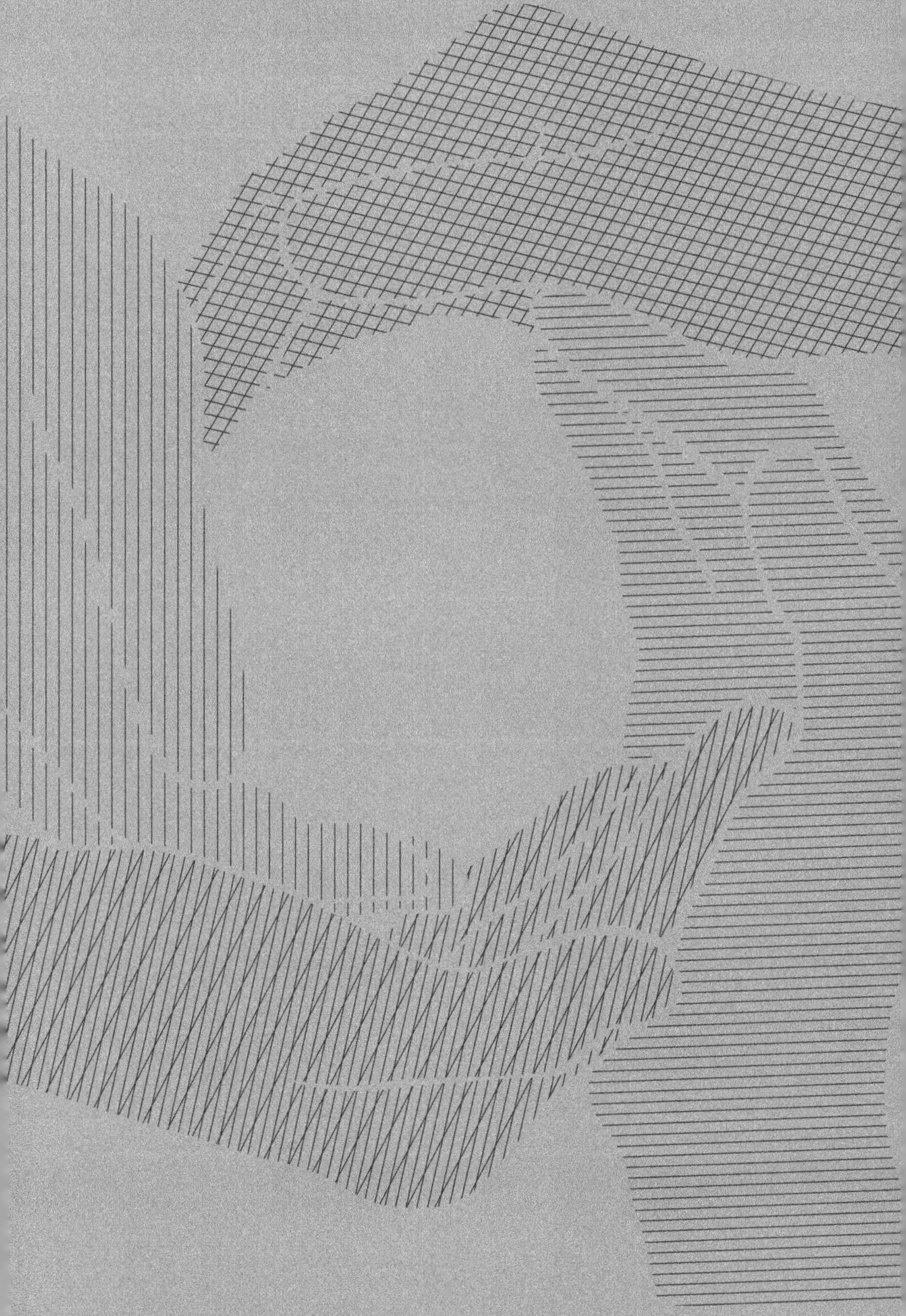

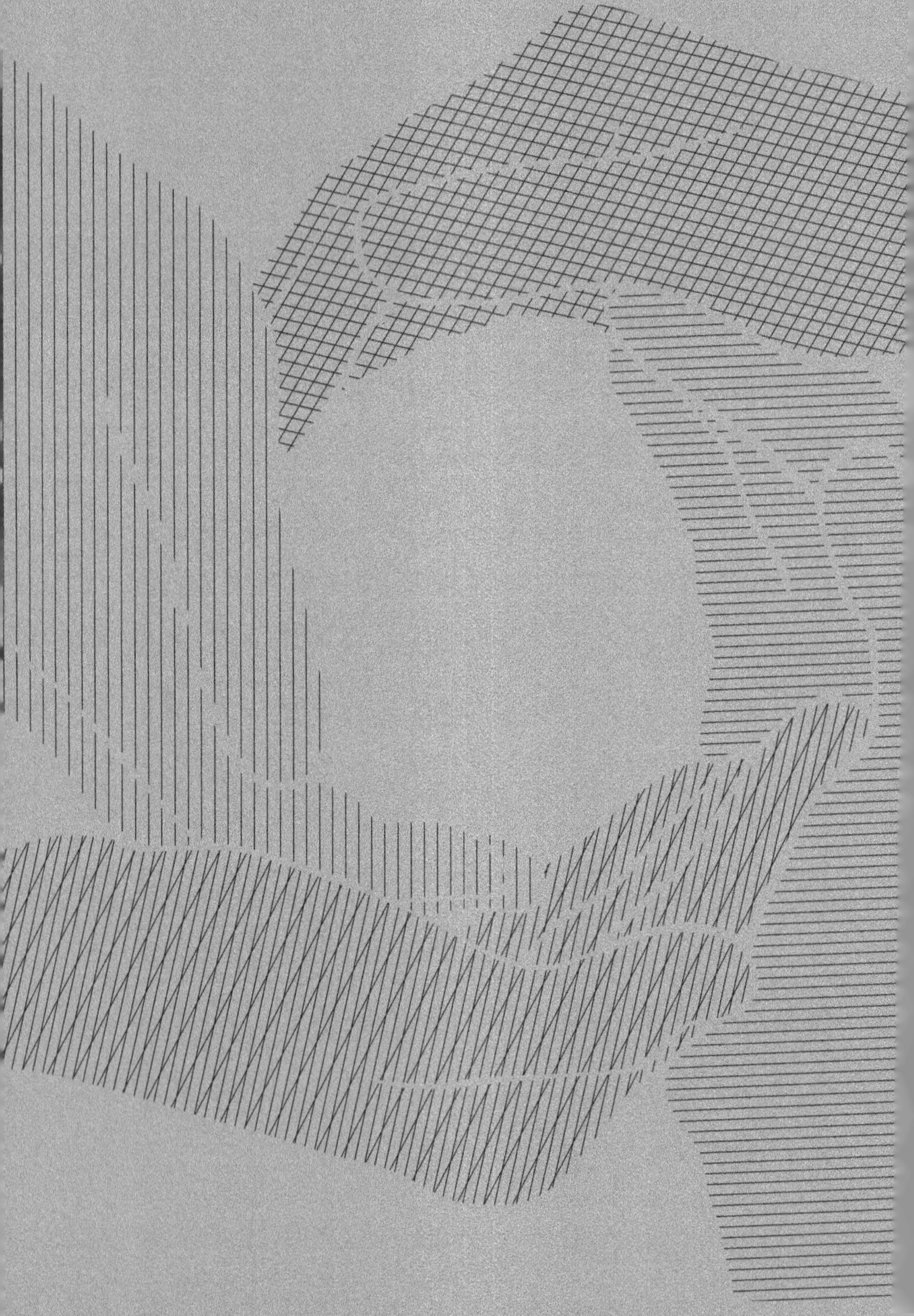

Considerações finais

Considerando o conflito como um processo inerente às relações humanas e reconhecendo suas inúmeras diversidades quanto a seu contexto, nível e resultado, podemos admitir que qualquer tentativa de sua abolição será em vão e que qualquer tratamento simplista será desastroso. Nessa obra, pudemos ver que um conflito é capaz de gerar emoções e ações das mais catastróficas, a exemplo de uma guerra, mas também pode criar transformações positivas, propiciando significativos avanços, especialmente relacionais.

O tratamento do conflito permite dois caminhos: um que descambe para a violência; e o outro, que oportunize o uso da criatividade, da empatia e da conexão com o oponente, gerando a possibilidade da pacificação. Entretanto, essa abordagem (de tratamento construtivo ou positivo) ainda não representa a regra de nossas relações. Vínculos pacíficos, baseados na compaixão, ainda soam como ingênuos ou utópicos. Permanecemos confortáveis em um universo em que violência se resolve com violência, estresse gera mais estresse, e quem resolve os conflitos é um terceiro, alguém estranho à relação conflitiva, pois as partes não têm habilidades ou interesse para buscar uma solução. Entretanto, diante das remotas e atuais mazelas do sistema tradicional de justiça, o principal "resolvedor de conflitos", surgem novas possibilidades para o tratamento e a resolução dos conflitos.

Nessa esteira, os métodos autocompositivos têm ganhado destaque diante de suas reconhecidas vantagens, a exemplo do empoderamento das partes, da efetivação das reais necessidades e do consequente desafogamento do sobrecarregado método adversarial. Um movimento de estímulo a esses modelos fica evidente diante das recentes inovações legislativas, do novo Código de Processo Civil – Lei n. 13.105, de 16 de março de 2015 (Brasil, 2015a) – e da Lei da Mediação – Lei n. 13.140, de 26 de junho de 2015 (Brasil, 2015b). Além das frequentes campanhas promovidas pelos tribunais de justiça e pelo Conselho Nacional de Justiça (CNJ).

Contudo, não bastam incentivos institucionais e legais. Para que a solução de um conflito com base na Cultura da Não Violência e na produção de pacificação seja uma prática real, comum e efetiva, faz-se necessária uma mudança de paradigma tanto por parte da sociedade quanto do universo jurídico. Essa transformação exige uma mudança cultural de valores, que precisa ser feita desde o banco escolar (pré-escola e ensinos fundamental, médio e superior).

A sociedade deve ser capaz de desenvolver ferramentas para solucionar seus conflitos, deixando de lado o hábito cultural de delegar a solução dos problemas aos outros (pais, professores, chefes, juízes, políticos), exercendo uma real autonomia. Já o âmbito forense também precisa trocar a cultura do litígio pela Cultura de Paz, mesmo estando em um contexto adversarial. Isso implica uma mudança estrutural de comportamento tanto do operador do direito quanto de todos os demais profissionais envolvidos nesse contexto.

A regra comum do ganha-perde, na qual os advogados (representando as partes) buscam a vitória de seu cliente em detrimento da derrota do adversário, pode ser substituída pela regra do ganha-ganha, na qual o foco é a satisfação das necessidades de todos.

Depois de termos analisado a Cultura de Paz, a comunicação e a comunicação não-violenta no contexto conflitivo, podemos concluir que, mesmo sendo um método adversarial, o mais adequado para a solução de um conflito específico é adotar uma postura colaborativa e cooperativa, a qual sempre influenciará positivamente as partes, o procedimento e o resultado.

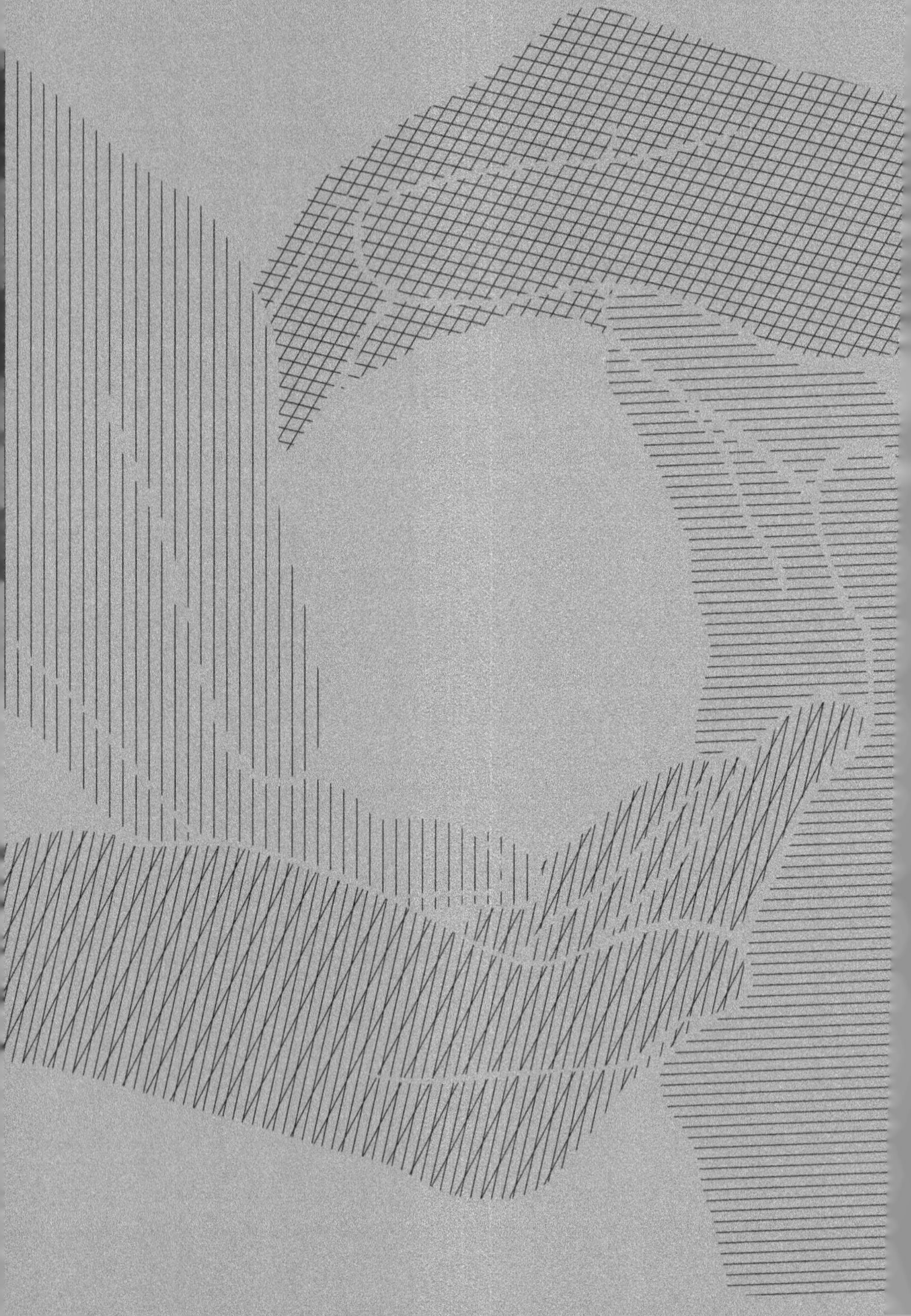

Referências

ALMEIDA, D. A. R. de; PAIVA, F. Princípios da mediação de conflitos. In: ALMEIDA, T.; PELAJO, S.; JONATHAN, E. (Coord.). **Mediação de conflitos**: para iniciantes, praticantes e docentes. Salvador: JusPodivm, 2016. p. 101-110.

ALMEIDA, D. A. R. de; PANTOJA, F. M. Natureza da mediação de conflitos. In: ALMEIDA, T.; PELAJO, S.; JONATHAN, E. (Coord.). **Mediação de conflitos**: para iniciantes, praticantes e docentes. Salvador: JusPodivm, 2016. p. 89-100.

ALMEIDA, T. Mediação na virada de milênio. **Mediare**, 1999. Disponível em: <http://www.mediare.com.br/mediacao-na-virada-de-milenio>. Acesso em: 5 out. 2019.

ALMEIDA, R. A.; ALMEIDA, T.; CRESPO, M. H. (Org.). **Tribunal multiportas**: investindo no capital social para maximizar o sistema de solução de conflitos no Brasil. Rio de janeiro: FGV, 2012.

ALMEIDA NETO, J. D. de. A mediação no contexto judiciário e os meios adequados de resolução de disputas. In: ALMEIDA, T.; PELAJO, S.; JONATHAN, E. (Coord.). **Mediação de conflitos**: para iniciantes, praticantes e docentes. Salvador: JusPodivm, 2016. p. 713-737.

AZEVEDO, A. G. de. Desafios de acesso à justiça ante o fortalecimento da autocomposição como política pública nacional. In: RICHA, M. de A.; PELUSO, A. C. (Coord.). **Conciliação e mediação**: estruturação da política judiciária nacional. Rio de Janeiro: Forense, 2011. p. 11-30.

AZEVEDO, A. G. de. Teoria do conflito e os mecanismos autocompositivos. Técnicas de negociação e mediação. Procedimentos, posturas, condutas e mecanismos aptos a obter a solução conciliada dos conflitos. In. GONÇALVES JR., J. C.; MACIEL, J. F. R. **Concurso da magistratura: noções gerais de direito e formação humanística**. 2. ed. São Paulo: Saraiva, 2012.

AZEVEDO, A. G. de (Org.). **Estudos em arbitragem, mediação e negociação**. Brasília: Grupos de Pesquisa, 2003. v. 2. Disponível em: <https://direitoachadonasarjeta.files.wordpress.com/2008/11/estudos-em-arb-med-e-neg.pdf>. Acesso em: 3 mar. 2020.

BACELLAR, R. P. **Mediação e arbitragem**. 2. ed. São Paulo: Saraiva, 2016.

BACELLAR, R. P.; SANTOS, M. L. dos. Mudança de cultura para o desempenho de atividades em justiça restaurativa. In: CRUZ, F. B. da. (Coord.). **Justiça restaurativa**: horizontes a partir da Resolução CNJ 225. Brasília: CNJ, 2016. p. 69-86.

BARBOSA, A. A. Mediação: educar para mediar. **Revista Científica Virtual da Escola Superior de Advocacia: Mediação e Conciliação**, São Paulo, n. 23. p. 36-45, dez./mar. 2016.

BIANCHI, A. A.; JONATHAN, E.; MEURER, O. A. Teorias do conflito. In: ALMEIDA, T.; PELAJO, S.; JONATHAN, E. (Coord.). **Mediação de conflitos**: para iniciantes, praticantes e docentes. Salvador: JusPodivm, 2016. p. 71-85.

BOHM, D. **Diálogo**: comunicação e redes de convivência. São Paulo: Palas Athenas, 2005.

BRAGA NETO, A. Breve história da mediação de conflitos no Brasil: da iniciativa privada a política pública. In: BRAGA NETO, A.; SALES, L. M. de. (Org.). **Aspectos atuais sobre a mediação e outros métodos extra e judiciais de resolução de conflitos**. Rio de Janeiro: GZ, 2012. p. 03-20.

BRAGA NETO, A.; SAMPAIO, L. R. C. **O que é mediação de conflitos**. São Paulo: Brasiliense, 2007. (Coleção Primeiros Passos).

BRANCHER, L. (Coord.). **Paz restaurativa**: a paz que nasce de uma nova justiça – 2012-2013 um ano de implantação da justiça restaurativa como política de pacificação social em Caxias do Sul. Porto Alegre: Tribunal de Justiça do Estado do Rio Grande do Sul, 2014. Disponível em: <http://www1.tjrs.jus.br/export/processos/conciliacao/doc/A_Paz_que_Nasce_de_uma_Nova_Justica.pdf>. Acesso em: 4 mar. 2020.

BRASIL. Constituição (1988). **Diário Oficial da União**, Brasília, DF, 5 out. 1988.

BRASIL. Emenda Constitucional n. 45, de 30 de dezembro de 2004. **Diário Oficial da União**, Poder Legislativo, Brasília, DF, 31 dez. 2004. Disponível em: <http://www.planalto.gov.br/ccivil_03/constituicao/emendas/emc/emc45.htm>. Acesso em 6 mar. 2020.

BRASIL. Lei n. 1.060, de 5 de fevereiro de 1950. **Diário Oficial da União**, Poder Legislativo, Rio de Janeiro, DF, 13 fev. 1950. Disponível em: <http://www.planalto.gov.br/ccivil_03/leis/l1060.htm>. Acesso em 6 mar. 2020.

BRASIL. Lei n. 8.078, de 11 de setembro de 1990. **Diário Oficial da União**, Poder Legislativo, Brasília, DF, 12 set. 1990. Disponível em: <http://www.planalto.gov.br/ccivil_03/leis/l8078.htm>. Acesso em 6 mar. 2020.

BRASIL. Lei n. 9.307, de 23 de setembro de 1996. **Diário Oficial da União**, Poder Legislativo, Brasília, DF, 24 set. 1996. Disponível em: <http://www.planalto.gov.br/ccivil_03/leis/l9307.htm>. Acesso em 9 mar. 2020.

BRASIL. Lei n. 9.099, de 26 de setembro de 1995. **Diário Oficial da União**, Poder Legislativo, Brasília, DF, 27 set. 1995. Disponível em: <http://www.planalto.gov.br/ccivil_03/leis/l9099.htm>. Acesso em: 10 mar. 2020.

BRASIL. Lei n. 10.406, de 10 de janeiro de 2002. **Diário Oficial da União**, Poder Legislativo, Brasília, DF, 11 jan. 2002. Disponível em: <http://www.planalto.gov.br/ccivil_03/LEIS/2002/L10406.htm>. Acesso em: 6 mar. 2020.

BRASIL. Lei n. 13.105, de 16 de março de 2015. **Diário Oficial da União**, Poder Legislativo, Brasília, DF, 17 mar. 2015a. Disponível em: <http://www.planalto.gov.br/ccivil_03/_Ato2015-2018/2015/Lei/L13105.htm>. Acesso em: 6 mar. 2020.

BRASIL. Lei n. 13.140, de 26 de junho de 2015. Diário Oficial da União, Poder Executivo, Brasília, DF, 29 jun. 2015b. Disponível em: <http://www.planalto.gov.br/CCIVIL_03/_Ato2015-2018/2015/Lei/L13140.htm>. Acesso em: 10 mar. 2020.

BRASIL. Conselho Nacional de Justiça. **Manual de mediação judicial**: 2016. 6. ed. Brasília: CNJ, 2016a.

BRASIL. Conselho Nacional de Justiça. Resolução n. 125, de 29 de novembro de 2010. **Diário de Justiça Eletrônico**, Brasília, DF, 1º dez. 2010a. Disponível em: <https://atos.cnj.jus.br/atos/detalhar/atos-normativos?documento=156>. Acesso em: 10 mar. 2020.

BRASIL. Conselho Nacional de Justiça. Resolução n. 225, de 31 de maio de 2016. **Diário de Justiça Eletrônico**, Brasília, DF, 2 jun. 2016b. Disponível em: <https://atos.cnj.jus.br/atos/detalhar/atos-normativos?documento=2289>. Acesso em: 10 mar. 2020.

BRASIL. Ministério da Justiça. **Projeto juventude e prevenção da violência**: cultura de paz – novas abordagens sobre prevenção da violência entre jovens. 2010b. Disponível em: <https://www.sinesp.org.br/index.php/quem-somos/publicacoes/category/47-legislacao-geral?download=1436:cartilha-projeto-juventude-e-prevencao-da-violencia-cultura-de-paz-novas-abordagens-sobre-prevencao-da-violencia-entre-jovens-instituto-sou-da-paz>. Acesso em: 4 mar. 2020.

CABRAL, M. M. **Os meios alternativos de resolução de conflitos**: instrumentos de ampliação do acesso à justiça. Porto Alegre: Tribunal de Justiça do Rio Grande do Sul, 2013.

CANDAU, V. M. Por uma cultura da paz. **DHnet**. Disponível em: <http://www.dhnet.org.br/direitos/bibpaz/textos/cpaz.htm>. Acesso em: 5 mar. 2020.

CAPPELLETTI, M.; GARTH, B. **Acesso à justiça**. Tradução de Ellen Gracie Northfleet. Porto Alegre: Fabris, 1988.

CARMONA, C. A. **Arbitragem e processo**: um comentário à Lei n. 9.307/96. 2. ed. São Paulo: Atlas S.A., 2004.

CRESPO, M. H. **Diálogo entre os professores Frank Sander e Mariana Hernandez Crespo: explorando a evolução do Tribunal Multiportas.** In: ALMEIDA, R. A; ALMEIDA, T; CRESPO M. H. (Cood.). **Tribunal Multiportas**: Investindo no capital social para maximizar o sistema de solução de conflitos no Brasil. Rio de Janeiro: FGV, 2012. p. 25-37.

FERREIRA, A. B. H. **Novo dicionário Aurélio da língua portuguesa**. Curitiba: Positivo, 2004.

FIORELLI, J. O.; FIORELLI, M. R.; MALHADAS JÚNIOR M. J. O. **Mediação e solução de conflitos**: teoria e prática. São Paulo: Atlas, 2008.

FISHER, R.; URY, W.; PATTON, B. **Como chegar ao sim**: como negociar acordos sem fazer concessões. 3. ed. Rio de Janeiro: Solomon, 2014.

FRANCISCO, Papa. **A não-violência: estilo de uma política para a paz**. Roma, 1º jan. 2017. Disponível em: <http://w2.vatican.va/content/francesco/pt/messages/peace/documents/papa-francesco_20161208_messaggio-l-giornata-mondiale-pace-2017.html#_ftn1>. Acesso em: 4 mar. 2020.

GABBAY, D.; FALECK, D.; TARTUCE, F. **Meios alternativos de solução de conflitos**. Rio de Janeiro: Ed. da FGV, 2013.

GANDHI, M. K. **Autobiografia**: minha vida e minhas experiências com a verdade. 4. ed. São Paulo: Palas Athena, 2007.

GARDNER, H. **Inteligências múltiplas**: a teoria na prática. Tradução de Maria Carmen Silveira Barbosa e Maria Adriana Veríssimo Veronese. Porto Alegre: Artes Médicas, 1995.

GOLEMAN, D. **Inteligência emocional**: a teoria revolucionária que define o que é ser inteligente. Rio de Janeiro: Objetiva, 2001.

HARVEY, P. **A Tradição do Budismo: História, Filosofia, Literatura, Ensinamentos e Práticas**. São Paulo: Cultrix, 2019.

KALIL, L. L. Visão sistêmica e transformadora do conflito. In: MARODIN, M.; MOLINARI, F. (Coord.). **Mediação de conflitos**: paradigmas contemporâneos e paradigmas para a prática. Porto Alegre: Imprensa Livre, 2016. p. 117-135.

KRZNARIC, R. **O poder da empatia**: a arte de se colocar no lugar do outro para transformar o mundo. Rio de Janeiro: Zahar, 2015.

LEDERACH, J. P. **Transformação de conflitos**. Tradução de Tônia Van Acker. São Paulo: Palas Athena, 2012.
MAIA, A.; BIANCHI, A. A.; GARCEZ, J. M. Origens e norteadores da mediação de conflitos. In: ALMEIDA, T.; PELAJO, S.; JONATHAN, E. (Coord.). **Mediação de conflitos**: para iniciantes, praticantes e docentes. Salvador: JusPodivm, 2016. p. 45-56.
MALLMANN, M. S. Fórum de múltiplas portas ou tribunal multiportas. In: MARODIN, M.; MOLINARI, F. (Coord.). **Mediação de conflitos**: paradigmas contemporâneos e paradigmas para a prática. Porto Alegre: Imprensa Livre, 2016. p. 87-97.
MARODIN, M.; MOLINARI, F. (Coord.). **Mediação de conflitos**: paradigmas contemporâneos e paradigmas para a prática. Porto Alegre: Imprensa Livre, 2016.
MASSA, A. A. G. **Justiça comunitária**: um resgate da complexidade jurídica. Direito e sociedade no Sitio Cercado e na Ilha das Peças. 155 f. Dissertação (Mestrado em Organizações e Desenvolvimento) – Centro Universitário Franciscano do Paraná, Curitiba, 2009a.
MASSA, A. A. G. Por uma cultura de paz. **Bem Paraná**, Questão de Direito, ago. 2009b. Disponível em: <http://www.bemparana.com.br/noticia/116367/questao-de-direito-0308-a-090809>. Acesso em: 4 mar. 2020.
MAYOR, F. A cultura de paz. **Comitê Paulista para a Década da Cultura de Paz 2001-2010**. [S.d.]. Disponível em: <http://www.comitepaz.org.br/a_cultura_de_p.htm>. Acesso em: 4 mar. 2020.
MONTESQUIEU, C. L. de. **O Espírito das Leis**. São Paulo: Marin Claret, 2010.
MOORE, C. W. **O processo de mediação**: estratégicas práticas para a resolução de conflitos. 2. ed. Porto Alegre: Artmed, 1998.
MULLER, J. M. **O princípio da não-violência**: uma trajetória filosófica. São Paulo: Palas Athena, 2007.
NASCIMENTO, E. M.; EL SAYED, K. M. Administração de conflitos. In: FACULDADES BOM JESUS. **Gestão do capital humano**. Curitiba: Associação Franciscana de Ensino Senhor Bom Jesus, 2002. (Coleção Gestão Empresarial, v. 5). p. 47-56.
NAZARETH, E. R. **Mediação**: o conflito e a solução. São Paulo: Arte Paubrasil, 2009.

NUNES, A. C. O. **Manual de mediação**: guia prático para conciliadores. São Paulo: Revista dos Tribunais, 2016.

OLIVEIRA, L. de; SPENGLER, F. M. **O fórum múltiplas portas como política pública de acesso à justiça e à pacificação social.** Curitiba: Multideia, 2013.

OLIVEIRA, M.; PONTES, M. V. L.; PELAJO, S. Regulamentação da mediação: fundamentos jurídicos. In: ALMEIDA, T.; PELAJO, S.; JONATHAN, E. (Coord.). **Mediação de conflitos**: para iniciantes, praticantes e docentes. Salvador: JusPodivm, 2016. p. 299-312.

PANTOJA, F. M.; ALMEIDA, R. A. de. Os métodos "alternativos" de solução de conflitos (ADRs). In: ALMEIDA, T.; PELAJO, S.; JONATHAN, E. (Coord.). **Mediação de conflitos**: para iniciantes, praticantes e docentes. Salvador: JusPodivm, 2016. p. 57-72.

PELIZZOLI, M. L. Cultura de paz restaurativa: da sombra social às inteligências sistêmicas dos conflitos. In: PELIZZOLI, M. L. (Org.). **Justiça restaurativa**: caminhos da pacificação social. Caxias do Sul: Ed. da UCS; Recife: Ed. da UFPE, 2015. Disponível em: <https://www.ufpe.br/documents/623543/624496/1_Marcelo_Pelizzoli_JR.pdf/28896c83-8bdb-4210-8fea-f04c565dca2b>. Acesso em: 4 mar. 2020.

PIMENTEL NETO, J. B. Por uma cultura de paz e não violência. **Cultura é a mãe**, 27 mar. 2014. Disponível em: <https://culturaeamae.wordpress.com/2014/03/27/por-uma-cultura-de-paz-e-nao-violencia/>. Acesso em: 4 mar. 2020.

ROSENBERG, M. B. **Comunicação não-violenta**: técnicas para aprimorar relacionamentos pessoais e profissionais. Tradução de Mário Vilela. São Paulo: Ágora, 2006.

RUIZ, I. A. Breves observações sobre a mediação no âmbito do direito de família. **Revista Jurídica Cesumar**, v. 3, n. 1, p. 7-38, 2003. Disponível em: <http://periodicos.unicesumar.edu.br/index.php/revjuridica/article/viewFile/386/391>. Acesso em: 9 mar. 2020.

SALES, L. M. de M. **Mediação de conflitos**: família, escola e comunidade. Florianópolis: Conceito, 2007.

SALES, L. M. de M.; CHAVES, E. C. C. Mediação e conciliação: a importância da capacitação e de seus desafios. **Sequência PPGD UFSC**, Florianópolis, v. 35, n. 69, p. 255-280, dez. 2014.

SALMASO, M. N. Uma mudança de paradigma e o ideal voltado à construção de uma cultura de paz. In: CRUZ, F. B. da. (Coord.). **Justiça restaurativa**: horizontes a partir da resolução CNJ 225. Brasília: CNJ, 2016. p. 18-64.

SANTOS, M. L. dos. Uma nova cultura, social e jurídica, por meio da mediação. **Gazeta do Povo**, 23 set. 2015. Disponível em: <https://www.gazetadopovo.com.br/vida-publica/justica-e-direito/artigos/uma-nova-cultura-social-e-juridica-por-meio-da-mediacao-9yia60c36ycbt0dkrdk986578>. Acesso em: 9 mar. 2020.

SILVA, E. B. e. Profissionalização de mediadores e conciliadores. **Revista Científica Virtual da Escola Superior de Advocacia: Mediação e Conciliação**, São Paulo, n. 23, p. 66-77, 2016.

SOUZA, A. H. de et al. **Manual de mediação judicial**. 6. ed. Brasília: MPDFT, 2016.

TARTUCE, F. **Mediação nos conflitos civis**. 4. ed. rev., atual. e ampl. São Paulo: Método, 2018.

VASCONCELOS, C. E. de. **Mediação de conflitos e práticas restaurativas**. São Paulo: Método, 2017.

WATANABE, K. Acesso à justiça e meios consensuais de solução de conflitos. In: ALMEIDA, R. A.; ALMEIDA, T.; CRESPO, M. H. (Org.). **Tribunal multiportas**: investindo no capital social para maximizar o sistema de solução de conflitos no Brasil. Rio de janeiro: FGV, 2012. p. 87-94.

WATANABE, K. Cultura da sentença e cultura da pacificação. In: YARSHELL, F. L.; MORAES, M. Z. de (Org.). **Estudos em homenagem à professora Ada Pellegrini Grinover**. São Paulo: DPJ, 2005. p. 684-690.

WATANABE, K. Modalidade de mediação. In: DELGADO, J. (Coord.). **Mediação**: um projeto inovador. Brasília: CEJ, 2003. p. 42-50.

WATZLAWICK, P.; BEAVIN, J. H.; JACKSON, D. D. **Pragmática da comunicação humana**: um estudo dos padrões, patologias e paradoxos da interação. São Paulo: Cultrix, 2007.

ZEHR, H. **Justiça restaurativa**. 2. ed. ampl. e atual. São Paulo: Palas Athena, 2012.

Respostas[1]

Capítulo 1

1. Resposta esperada: Mudança de paradigma acerca das situações conflituosas com ampliação das percepções e das possibilidades.

2. Resposta esperada: Definição de conflito "como um processo ou estado em que duas ou mais pessoas divergem em razão de metas, interesses ou objetivos individuais percebidos como mutuamente incompatíveis" (Azevedo, 2016, p. 47).

3. c

4. a

5. Os fatos retratam a espiral do conflito. O modelo de processo de resolução adotado pelos motoristas foi o processo destrutivo.

---

1 Os autores mencionados nas respostas encontram-se na seção "Referências".

Capítulo 2

1. Resposta pessoal. Sugestão: Nosso cotidiano está repleto de atos violentos, e alguns comportamentos que podemos identificar são, de maneira direta, crimes como furtos, roubos e agressões físicas; um tipo de violência estrutural é a desigualdade social, que se reflete no acesso à educação, à saúde e à moradia, por exemplo; uma violência cultural está ligada à descriminação da mulher e de algumas religiões.

2. Sugestão de resposta: Um ato que pode ser considerado violento é o debate em que os envolvidos estão focados na defesa de suas ideias com o intuito de convencer o outro sobre seu posicionamento. Já uma forma não violenta é o diálogo no qual as partes apresentam suas ideias, mas também estão dispostas a conhecer a ideia do outro. A não violência está na disposição em substituir o convencimento pelo conhecimento.

3. Respostas pessoais.

4. d

5. a

Capítulo 3

1. A comunicação alienante é a caracterizada por julgamentos, preconceitos, negação à responsabilização, comportamentos de dominação e hierarquia, nos quais o poder é realizado sobre o outro.

2. Resposta pessoal.

3. a

4. d

5. e

Capítulo 4

1. Resposta pessoal.

2. A expressão *métodos alternativos* traz a ideia de que, além do Poder Judiciário, há um rol de técnicas de resolução de conflitos que podem ser escolhidas de maneira aleatória. Já *métodos adequados* esclarece que a escolha do método não deve se dar sem critério, pois cada situação deve ser analisada, e, de acordo com suas peculiaridades, deve ser escolhido o método mais adequado a ela.

3. d

4. e

5. b

Capítulo 5

1. Resposta esperada: O sistema multiportas apresenta a multiplicidade de opções para a resolução de conflitos, podendo estar reunidas em um único local, um centro de justiça, onde o conflito será analisado e encaminhado para o método ou a porta mais indicada para ele, conduzido por um especialista em um ambiente que propicie as condições necessárias para a pacificação das partes.

2. Resposta esperada: O profissional que desempenhará as suas funções no sistema multiportas precisa conhecer os mais variados métodos de resolução de conflitos, embora não precise ter capacitação ou formação em todos, podendo apresentar o rol de possibilidades aos interessados e realizar o encaminhamento à "porta" adequada. Apenas no método do judiciário o terceiro (juiz) precisa de graduação específica em Direito e aprovação em concurso público da magistratura. Para os terceiros facilitadores dos demais métodos, não há exigência de um curso superior específico, mas sim de uma capacitação para a habilitação; em alguns casos, a lei traz requisitos e condições. Contudo, é recomendado que o profissional do conflito tenha conhecimento em diversas áreas e habilidades multidisciplinares, com aptidões que devem ser adquiridas e aprimoradas nas

áreas do direito, da psicologia, da comunicação e nas formações interdisciplinares, como a psicologia jurídica.

3. a

4. a

5. Resposta pessoal.

Capítulo 6

1. A principal distinção está na autonomia, tanto em relação à escolha do método quanto na possibilidade de construção conjunta da decisão.

2. Uma situação que indica a adequação da conciliação é um acidente de trânsito, no qual, em regra, não há vínculo anterior entre os envolvidos e o conflito é pontual, não existindo relação continuada. Já um bom exemplo de hipótese que geralmente será encaminhada para a mediação é a dissolução de união estável ou de casamento, justamente por haver um vínculo anterior e uma relação posterior, com a fase de partilha dos bens e, principalmente, a criação dos filhos, quando há.

3. b

4. Resposta pessoal.

5. As práticas restaurativas substituem as condutas punitivas pelas restauradoras, propondo a responsabilização do ofensor e a reparação do dano com foco nas relações.

Sobre a autora

Mayta Lobo dos Santos é graduada em Direito (2004) pela Faculdade de Direito de Curitiba (FDC); especialista em Direito Processual Civil Contemporâneo (2008) pela Pontifícia Universidade Católica do Paraná (PUCPR); e mestre em Psicologia Forense (2014) pela Universidade Tuiuti do Paraná (UTP).
É professora de Direito Civil e Métodos Autocompositivos, além de coordenadora do Núcleo de Prática Jurídica e da pós-graduação em Psicologia Jurídica do Centro Universitário Autônomo do Brasil (UniBrasil).
É instrutora de Comunicação Não Violenta (CNV). Participou do treinamento intensivo internacional em CNV (IIT Brasil, 2019), mediadora extrajudicial e judicial, formada pelo Tribunal de Justiça do Estado do Paraná (TJPR), em 2014, pelo Conselho Nacional de Justiça (CNJ), em 2016, Algi e Mediaras (São Paulo/Buenos Aires, 2015) e Mediare (Rio de

Janeiro, 2016). É facilitadora em Círculos de Justiça Restaurativa e de Construção de Paz e instrutora capacitada por Kay Pranis (Porto Alegre, 2012).

É sócia-fundadora do Dialogação e autora do livro Justiça Restaurativa na Escola: aplicação e avaliação do programa, publicado pela editora Juruá em 2014.

Os papéis utilizados neste livro, certificados por instituições ambientais competentes, são recicláveis, provenientes de fontes renováveis e, portanto, um meio **respons**ável e natural de informação e conhecimento.

FSC
www.fsc.org
MISTO
Papel produzido a partir de fontes responsáveis
FSC® C103535

Impressão: Reproset
Janeiro/2023